数据驱动的金融时间序列预测模型研究

张贵生 著

科学出版社
北 京

内 容 简 介

以非线性动力学的观点看来，现代金融理论中金融系统的不确定性恰恰源于其自身就是一个受多种因素综合影响的具有开放性质的复杂巨系统，相应地，作为系统观测值的金融时序数据则从形式上表现了该系统的复杂运动规律。基于此，本书借鉴复杂系统视角建模的思想，结合智能计算、计算实验金融、数据挖掘及控制论等相关领域的最新研究成果，“自底向上”地展开金融时序数据经验知识融合下的机器学习预测建模创新研究，以探索金融系统的复杂演化规律。

本书可供财务、金融、管理科学与工程、系统工程与智能计算等领域或有相关知识背景的本科生、研究生及行业从业者参考。

图书在版编目（CIP）数据

数据驱动的金融时间序列预测模型研究 / 张贵生著. —北京：科学出版社，2018. 1

ISBN 978-7-03-054250-2

Ⅰ. ①数… Ⅱ. ①张… Ⅲ. ①金融-时间序列分析 Ⅳ. ①F830

中国版本图书馆 CIP 数据核字（2017）第 210679 号

责任编辑：李 敏 杨逢渤 / 责任校对：彭 涛

责任印制：赵 博 / 封面设计：无极书装

科 学 出 版 社 出版

北京东黄城根北街 16 号

邮政编码：100717

http://www.sciencep.com

天津市新科印刷有限公司印刷

科学出版社发行 各地新华书店经销

*

2018 年 1 月第 一 版 开本：720×1000 1/16

2025 年 2 月第四次印刷 印张：8 3/4

字数：200 000

定价：68. 00 元

（如有印装质量问题，我社负责调换）

前　　言

1997 年诺贝尔经济学奖获得者美国经济学家罗伯特·C. 莫顿（Robert Carhart Merton）提出，现代金融理论的核心问题就是如何在不确定的环境下对资源进行跨期的最优配置。而按照非线性动力学的观点来看，现代金融理论中金融系统的不确定性恰恰源于其自身就是一个受多种因素综合影响的具有开放性质的复杂巨系统，相应地，作为系统观测值的金融时序数据则从形式上表现了该系统的复杂运动规律。相关金融时序可预测性的文献研究表明，无论是线性范式下的传统统计方法，还是非线性的计算智能方法，以及多种不同类型方法的组合模型都在一定范围内提升或改善了人们对于金融时序数据预测的精确性和稳定性，但大多缺乏对不同类型金融时序数据内部时间相关性知识、价格变化趋势信息及不同市场间互信息等经验知识的有效融合，制约了其预测性能的进一步提高。

基于此，本书借鉴复杂系统视角建模的思想，针对各种不同类型的金融时序数据，结合智能计算、计算实验金融、数据挖掘及控制论等相关领域的最新研究成果，“自底向上”地展开金融时序数据经验知识融合下的机器学习预测建模创新研究，以探索金融系统的复杂演化规律。主要研究成果和创新概括如下。

1）针对单变量金融时序数据变化趋势信息和市场隔夜跳空开盘信息的重要性，在借助跟踪微分器提取数据近似微分的基础上，分别构造了基于微分信息和基于梯度信息的 ARMA-GARCH 单预测模型，旨在增强模型在高噪声扰动环境下对于时序数据变化趋势的判别能力；从分阶段混合模型构造的角度，提出了一种新的基于 ARIMA 和泰勒展开的预测模型，改进传统方法对于时序数据内部经验知识学习不够充分的问题。

2）针对多变量金融时序数据所具有的高维复杂性，考虑到金融市场间日益显著的联动及传染效应，提出了一种基于近邻互信息的 SVM-GARCH 模型，旨在融合市场联动行为信息的基础上，提高传统单模型对于时序数据非线性成分的处理能力；从构造混合模型提高预测稳定性的角度，借助时间测地线距离的概念构造新的混合预测模型，改善模型对于时序数据内部时间相关性知识的学习和泛化能力，提高预测结果的精确性和有效性。

数据驱动的“自底向上”的建模方法就是要通过对复杂系统的观测数据进行分析，来展开对金融系统的反向研究，有利于克服规范分析假设过于严格、实证分析难以进行灵敏度测试的弱点，是金融理论与实践的高度统一。本书中无论是相关单变量金融时序数据的分析，还是针对高维金融时序面板数据的研究，数据驱动的模型创新都体现了复杂系统视角建模思想在金融领域的应用，旨在从不同的角度充分挖掘并发现复杂金融现象背后的客观规律，降低金融系统的不确定性，提高金融市场效率，并为相关金融理论创新研究提供新的动力和方向。

目　　录

第1章 绪论

1.1 研究的背景和意义

金融业是现代经济的核心，关系着整个经济社会发展的全局。通过方法论的不断创新，探索金融市场内部的客观规律以提高对其监管的科学性和有效性、改善统一市场体系整体效率是所有金融市场参与者和各级管理部门不断追求的目标之一[1]。经济全球化发展的趋势下，国际金融市场一体化的加深在推动世界经济高速发展的同时，不可避免地带来了其自身稳定性下降的潜在风险。不同国家或地区金融市场的局部波动有时会引起强烈的连锁反应，尤其是在经济萧条的背景下，金融市场间的联动或传染效应往往演变成全球范围内的金融危机，给世界各国的经济造成严重破坏[2]。1982 年拉美国家债务危机最终导致了大规模的经济萧条；1992 年欧洲货币体系风波迭起，汇率机制出现剧烈动荡直至爆发大规模危机；1994 年墨西哥发生了比索汇率狂跌、股票价格暴泻的金融危机；1997 年亚洲金融风暴席卷多个国家，打破了亚洲经济急速发展的景象；1998 年俄罗斯经历了由三次金融大风波构成的金融危机，最终导致两届政府垮台，甚至产生全球效应；2007 年美国次贷危机、欧洲债务危机引发的金融海啸席卷整个世界金融市场进而影响了实体经济。这些危机发生期间，全球股市均应声下落，市场投资者损失惨重。众所周知，信息是金融市场中所有参与者进行交易的主要依据，信息效率的高低直接影响资产的价格并最终决定市场资源配置效率的高低。对于金融危机的相关研究发现，这些特殊的极端金融现象背后都有其特有的规律，而这些规律往往都隐藏在之前很长一段时间内的复杂市场表象之后。假如我们能够通过数据建立相关的分析和预测模型，尽早发现其背后潜在的客观规律，就可以通过模型判断，及时发出预警信号，减少或避免大规模金融灾难的发生。金融市场是一个多因素综合影响下的具有高度不确定性的复杂巨系统，尤其是当今国际金融创新日新月异、系统不确定性日益增强的经济金融环境，使得对于金融市场背后潜在规律的分析与研究更加富有挑战性。

在有效市场环境中，价格实时反映各种信息，是市场资源配置的风向标。金融时间序列的预测性研究就是要深入挖掘金融市场背后的客观规律信息，改善市场信息的传递速度和市场交易透明度，进而促进价格机制的良性运转，实现金融市场对于资源的有效配置。虽然对于市场有效性的研究争论不断，但是致力于辅助获取市场超额收益的金融时间序列可预测性的研究却从未间断[3]。近年来，无论是“市场有效假说”研究范式下的传统线性分析研究模型，还是强调证券市场信息接受程度和投资时间尺度对投资者行为影响的“分形市场假说”研究范式下的非线性动力学分析研究模型等，不同角度的大量研究已经证明，尽管内部产生原因众说纷纭，但金融市场收益的可预测性却是不争的事实。正如经济学家 Timmermann 和 2003 年诺贝尔经济学奖获奖者克莱夫·格兰杰（Clive W. J. Granger）教授[4]所指出的，不能简单对立地看待旨在获取超额收益的金融市场预测性研究与市场有效性理论。实质上，在各种超额收益获取模式被市场参与者学习与应用的过程中，尤其是在投资者通过各种方法挖掘金融市场背后客观规律以改善对于市场运动变化趋势的预测性研究的推进过程中，短期的利润获取会带来更多市场参与者的效仿和跟进，促使股票价格不断向真实价值恢复，进而提升了市场的价值发现功能，而这种伴随不断适应技术革新现象而得到的市场效率改善恰恰也就是金融时序数据预测模型不断推陈出新的原动力所在。格罗斯曼-斯蒂格利茨悖论（Grossman-Stiglitz paradox）[5]也指出，如果价格完全反映市场信息，则市场参与者就不会有去获取并分析信息的积极性，但若大家都不去理会市场信息，那么市场价格就不可能是信息有效的。所以，市场中的价格形成机制乃至整个市场效率的高低依赖于市场有效信息的获取，换言之，依赖于市场参与者企图获取超额收益时对各种不同投资模式的大胆尝试和运用。

金融时间序列是一种特殊的时间序列数据，内容既可以是股票价格、期货价格或各种债券价格及汇率利率数据，也可以是其他微观或宏观经济类的相同时间间隔采集的一系列数据。形式上可以是传统的一维（单变量）时序数据，也可以是由多个属性所构成的高维（多变量）面板数据。与其他时间序列数据相比，金融时序数据由于受多种因素的综合影响，体现出与人类社会活动密切相关的属性，具有信噪比低且不易分离、非平稳且非线性显著的特点[2]，而且表现出很强的多周期性，如“周末效应”“一月效应”“假日效应”等[6,7]。“本质决定现象，现象反映本质”，这些金融时序所表现出来的高度复杂性背后必定蕴藏着金融市场内部的潜在规律信息，亟待广大研究人员展开相应的分析与深层次研究，揭开其神秘的面纱[8]。Shafer 和 Sylla 指出，预测学研究的目的就在于减少人类社会生活中由于各种不确定性的存在所带来的决策风险[9,10]。金融时序数据的预测性研究，就是要因地制宜地在深入分析数据高维复杂性的基础上，创新相关预测体系研究，获取其背后客观规律信息，通过降低金融市场中的各种不确定性指导投资决策，改善市场效率[11]。

1.2 文献回顾与评述

在过去的 40 年中，金融时间序列的分析主要在 Fama 有效市场假说（efficient markets hypothesis，EMH）的指导下受到一个线性研究范式的主宰。不可否认，有效市场假说的研究框架推动了金融市场的发展。然而，随着“过度交易”“羊群效应”“周末效应”等一系列金融异象的出现，很多学者为了克服市场有效论的不足，展开了行为金融学（behaviour finance，BF）和非线性动力学基础上的分形市场理论（fractal market hypothesis，FMH）研究。不仅取消了市场有效理论中的理性投资者假设，而且不再对数据分布做正态分布和线性关系的前提性假设，采用大量非线性的模型对金融时序数据展开研究，另外，经济学家开始求助新兴的计算实验金融（computational experiment finance，CEF）方法，采用自下而上的建模方式，在一定的交互机制作用下，观察整体的宏观涌现状态，以期通过对具体的技术规则进行统计检验来寻求时间序列收益可预测性（time series returns predictability，TSRP）问题的答案。这些新理论和技术的出现，不仅很好地解释了金融市场中的各种“异象”，而且也使得对于金融时序数据的分析应用模型更加贴近了真实的市场环境[12]。

对于金融时间序列可预测性的研究 20 世纪下半叶就已经开始，迄今为止已有 70 年左右的历史了。按照其不同发展阶段的理论基础和结构特点来分，金融时序数据预测模型的研究大致可以分为三类：一是以自回归为代表的基于传统统计学方法的模型；二是以人工智能算法为代表的计算智能方法；三是对于组合预测模型的研究。

1.2.1 传统的统计学方法研究现状

对于金融时序数据预测模型的研究中，传统的统计方法属于建立在大数定理之上的渐进理论，是最常使用的也是最早应用于时序预测模型的一类方法。其中包括随机游走模型（random walk，RW）、自回归移动平均模型（autoregressive integrated moving average，ARIMA）、最小二乘线性回归模型（ordinary least square，OLS）、自回归条件异方差模型（autoregressive conditional heteroskedasticity，ARCH）及广义自回归条件异方差模型（generalized ARCH，GARCH）等。

ARCH 模型于 1982 年由 Engle[13] 首次提出，采用自回归的形式刻画时序数据可用信息和条件方差的时变性，很快在计量经济学领域得到了广泛的应用并取得了良好的效果。1986 年，Bollerslev[14] 在 Engle 工作的基础上创造性地提出了 GARCH 模型，用于分析时间序列的异方差特性。GARCH 模型不再认为单变量金融时序数据通过线性回归后得到的残差是白噪声，而是具有 ARCH 效应的，应该在 GARCH 模型处理异方差效应之后，才能利用线性回归方程对时序数据进行分析和预测。GARCH 模型在很多方面尤其是在经济金融领域有了广泛的应用，而且取得了良好的效果。此外，GARCH 族模型与其他时变的波动模型相比具有使用方便、形式简洁的优点。French 等[15] 运用 GARCH 方法在 *Journal of Financial Economics* 发表了关于美国股票市场收益与市场波动相互关系的文章。实证研究表明预期市场风险溢价与可预测收益波动呈正相关关系，而非预期股票收益与市场收益波动的非预期变化呈负相关关系。Robert 等[16] 构建了 GARCH-M 模型对 3 组利率时序数据展开研究，最后的实证结果说明该模型很好地解释了利率期限结构假说在经济计量方面的失败。另外，还有大量文献，如 Nelson[17]、Glosten 等[18]，以及 Engle 和 Ng[19] 的相关研究均证实了条件异方差模型在解释收益率波动过程中的适应性。为了克服“数据窥探”问题，White[20] 开展了大量工作，对 GARCH（1，1）模型和其他备择模型进行了比较研究，研究结果证实了 GARCH（1，1）模型的广泛适应能力，以及在对 IBM 股票的收益波动进行预测时 APARCH① 模型更优的预测性能。Hansen 和 Lunde[21] 比较了 330 种不同的波动率模型对于德国马克与美元汇率及 IBM 股票收益率数据的预测效果，结果证实了 GARCH（1，1）模型是所有异方差模型中的最优模型。Mohammadi 和 Su[22] 强调了 MA（1）-GARCH(1，1）模型在对条件均值和波动进行建模及预测时的适应性优点。Liu 和 Shi[23] 利用 ARMA-GARCH 及其改进的 ARMA-GARCH-M 模型对电价格序列进行了建模及 1h 单步预测，实证结果证明了该组模型的有效性。

---

① APARCH，即 the asymmetric power ARCH。

在学习国外学者对GARCH类模型研究成果的基础上，国内研究机构和广大学者也开展了大量的关于GARCH类模型在经济金融领域的理论与实证研究。魏巍贤和周晓明[24]利用GARCH模型对中国股市进行了预测。唐齐鸣和陈健[25]对我国股市的ARCH效应进行了相关分析，并对股指波动进行了拟合。另外，陈千里[26]、陈千里和周少甫[27]和岳朝龙[28]等针对国内上海证券综合指数（简称上证综指）收益率的波动特征做了一系列的研究，证实了我国股市收益具有类似发达国家股市中“杠杆效应”“波动聚集”“不对称性”等相似的特点。张世英和柯珂[29]对国内外ARCH模型研究的进展进行了综述研究，讨论了其长记忆性能和参数估计问题，而且针对复杂的ARCH模型还提出运用遗传算法的思想进一步解决其参数估计和检验问题。楼迎军[30]与李胜利[31]分别利用EGARCH模型和VSGARCH模型研究国内股市的不对称性，对不同样本的实证研究均表明国内股市存在显著的“杠杆效应”，投资者对负面影响敏感度高，明显存在“羊群效应”。张永东和毕秋香[32]对国内上证综指股市的周波动性进行了样本外预测的比较研究，排除评价因子不同所带来的影响，实证结果表明了指数平滑模型预测效果的优越性。黄海南和钟伟[33]对GARCH类模型预测波动率的精度进行了评价，对已实现波动率对不同的GARCH模型进行了比较性研究，并利用损失函数评价模型的预测精度，相关实证表明了GARCH模型的预测稳定性和不同分布下GJR-GARCH（1，1）模型预测性能的优越性。邓超和曾光辉[34]，王佳妮和李文浩[35]分析了上证综指波动率的特点，并用EGARCH、GARCH-M、GARCH及ARCH等几个常用模型进行比较研究，还讨论了不同的精确度衡量指标对于模型预测效果的评价结果。龚锐等[36]为了避免参数VaR方法在分布假设及模型选择中的人为因素，提出用基于正态分布、t分布及GED①等不同分布的多种衍生GARCH模型对风险进行测量。并针对国内股市上证综指和深圳证券交易所成分股价指数（简称深证成指）的实证结果进行了比较和分析，也得出了一些相关的结论。郑振龙和黄薏舟[37]对香港恒生指数期权市场所含信息的研究发现，在预测期限较短（1周）时，GARCH（1，1）模型所含信息较多，预测能力要强于基于期权价格的隐含波动率模型。赵树然等[38]利用非参数GARCH模型开展美元与日元对人民币汇率日收益率数据的波动性的预测研究，实证结果证实了非参数GARCH模型预测结果的精确性和稳健性。吴恒煜等[39]建立风险中性Levy-ARMA-

① GED，即genelized error distribution，广义误差分布。

GARCH 模型，对香港恒生指数的期权定价进行了实证研究。方立兵等[40]运用蒙特卡洛模拟方法考察了偏斜参数设定对 GARCH 族模型估计结果的影响效应，结果发现，若标准化扰动项偏斜而且厚尾，则基于对称厚尾分布的极大似然估计量是渐近有偏的。侯利强等[41]针对金融时序数据的非线性和不确定性，提出一种模糊 FEGARCH 模型，对 2006 ~ 2011 年上证综指收益率序列的高频波动性进行预测研究，实证结果表明，模糊 FEGARCH 模型对于具有高偏度、尖峰厚尾和杠杆效应的非线性特征波动数据的预测效果更佳。于志军等[42]按照以误差校正来提高股票收益率预测精度的思路，首先，利用灰色神经网络模型对股票收益率进行初步预测；其次，引入 EGRACH 模型来分析预测误差序列的内部信息；最后，根据误差预测结果对股票收益率的初始预测值进行校正。相关研究还有很多，但随着金融市场的发展及对金融时序数据研究的不断深入，人们发现其内在的非线性属性表现得越来越突出，然而基于传统统计学的各种常用的方法却由于模型自身线性结构的约束，影响了对于时序数据预测精度的进一步提高，在实际应用中往往不能达到很满意的效果。

1.2.2 计算智能方法研究现状

典型的计算智能技术也有很多，其中常用到的包括：人工神经网络（artificial neural network，ANN）、模糊逻辑（fuzzy logic，FL）、遗传算法（genetic algorithm，GA）、进化算法（evolutionary algorithm，EA）和支持向量机（support vector machine，SVM）等。从 20 世纪末开始，人工神经网络逐步得到推广和应用，成为对于时间序列预测最常用的非线性方法之一，且被广泛应用于金融时序数据的分析和处理。例如，Gingburg 和 Horn[43]提出了混合几种前馈神经网络的方法用来提高对于金融时序数据预测的精度。Luxhöj 等[44]通过组合计量经济学模型和 ANN 模型构造出新的混合模型对销售进行了预测。Ii 和 Cios[45]构造了一个径向基函数（radical basis functions，RBF）和 Box-Jenkins 模型的混合方法用于时间序列数据的预测。Kyrtsou 和 Terraza[46]采用主成分回归（principal components regression，PCR）和径向基函数对法国 CAC40 指数收益率序列展开预测性研究，与传统的 ARCH 模型的比较实证结果表明这些方法的预测精度并无显著差异。Jasic 和 Wood[47]用基于单变量的神经网络对未经转换的标准普尔 500 指数、法兰克福 DAX、东证股价指数及英国富时指数真实时序数据展开其收益的短期预测，这些指数从1965～1999年的实证研究结果的多个评价指标一致表明，神经网络模型优于作为基准模型的线性自回归模型，而且由神经网络所预测的买卖信号显著不同于单日无条件平均收益的结果，对于指导投资者获取超额收益具有更科学的指导意义。Cao等[48]将神经网络和Fama-French三因子模型对中国股票市场的预测效果进行对比，发现神经网络在金融领域的预测效果优于其他模型。Lee和Ko[49]构建了基于非线性时间进化粒子群算法的神经网络预测模型，相比其他普通的粒子群径向基函数优化模型，该模型在预测准确性和计算效率方面表现更优。Khashei等[50]将ARIMA方法分别和人工神经网络及模糊逻辑系统进行组合，以克服ARIMA线性模型对于时序数据量的限制。另外，Zhang[51]提出混合ARIMA和ANN的模型的思路，用于解决金融时序数据中的线性成分和非线性成分，实证结果验证了混合算法性能显著提高。Shen等[52]在鱼群算法（artificial fish swarm algorithm，AFSA）优化径向基函数的基础上构建了新的神经网络模型对上证综指展开预测，并与基因算法、粒子群优化的RBF算法、ARIMA算法、BP神经网络算法及支持向量机算法进行比较研究，验证了所构建模型具有更高的预测精确度。Babu和Reddy[53]通过研究时序的波动，构建了一种新的ARIMA和ANN的混合多步预测模型，并通过多种不同的真实数据对模型进行了实证研究，结果表明新模型的预测精度有显著提高。研究人员Akbilgic等[54]构建新的混合神经网络模型研究伊斯坦布尔ISE国家100指数的日收益波动规律，实证结果表明将回归树、岭回归与RBF神经网络结合起来的混合模型对于高度独立且非线性的数据具有较好的预测性。Oliveira和Ludermir[55]通过组合指数平滑、ARIMA模型、ANN模型和支持向量回归机，提出了一种新的混合算法，用以金融时序数据的预测，而且实证结果表明了混合算法预测的精确性和有效性。

何芳和陈收[56]给出一种新颖的基于扩展Kalman滤波的神经网络学习算法，与传统的BP算法相比，在用于股价预测时，该方法具有更好的收敛率和学习能力。崔建福和李兴绪[57]针对股价数据非平稳及非线性的特点，对GARCH模型和BP模型的预测效果展开比较分析，实证结果表明，这两种模型均优于简单的随机游走模型，且BP模型无论在训练阶段还是针对样本外的预测结果，其预测误差均显著小于GARCH（1，1）模型，但有时也会陷入局部极小值的困境。肖冬荣和杨子天[58]也使用了神经网络模型展开时序预测研究，而且还在模型的训练阶段运用了粒子群优化算法，用优化后的模型对股票时序数据进行预测。实证结果表明，基于粒子群训练的神经网络学习算法不仅易于实现，而且准确率较高。王文波等[59]构建了一种针对中国股票市场建模及预测的 EMD① 神经网络模型，提高了模型对多种目标函数的学习能力，有效提高了预测精度。祝华凤[60]以上证综指的波浪曲线底部和顶位时间窗口期为对象展开研究，对 1991 年以来的上证综指的特性，对其底部和顶位的时间窗口期利用 RBF 神经网络模型进行分析预测。刘海玥和白艳萍[61]研究发现相比自回归模型，RBF 模型和 GRNN② 模型不仅预测精度高而且结果稳定。但大量文献尤其是基于统计学习理论的研究结果表明，在实际应用中 ANN 由于受到诸如学习算法收敛速度慢、存在局部极小值、网络结构难以很好地确定等缺陷的影响，制约了其算法性能进一步提高。

而支持向量机基于结构风险最小化原则克服了神经网络的缺陷，针对股票价格的时变性和非线性在实际应用中展现了很好的泛化能力，而且 SVM 可以不用明确解析函数的方式，直接从数据分析的角度出发来构造高维非线性时间序列分析模型，已在经济、金融研究领域得到了广泛的应用[62-64]。Kim[65]采用支持向量机回归模型来预测股票价格，实证结果表明与回馈 BP 神经网络预测模型相比，文中所构建的支持向量机回归模型具有更高的预测精确度。Huang 等[66]采用日本经济平均指数（简称日经 225 指数）证实，SVM 比 BP 神经网络、线性判别分析（linear discriminant analysis，LDA）及二次判别分析（quadratic discriminant analysis，QDA）具有更高的准确率。Henham[67]在利用遗传算法和显著性分析（significance analysis，SA）方法进行特征选择的基础上，构建 SVM 时序数据的回归预测模型，最终的预测精度和训练速度都有所提高。Ince 和 Trafalis[68]利用 SVM 回归预测股票价格，实证结果表明相比 MLP③ 和 ARIMA 模型，SVM 的预测更加准确，效果更好。Huang 和 Tsai[69]、Hsu 等[70]均是通过自组织特征映射（self-organization feature mapping，SOFM）技术对训练时序数据进行同属性数据的聚类来更好地刻画金融时序数据的非线性特征，然后再利用支持向量回归机展开预测。Huang 还在文章中对输入向量事先进行了特征选择工作，以提高模型训练和预测的效率。这种分阶段的预测模型在针对不同的实证数据研究过程中体现出了更高的预测精度，而且也大大缩短了模型训练的时间。Wen 等[71]通过独立频谱分析将时序数据分解为趋势成分、波动成分和噪声干扰等部分，再用 SVM

① EMD，即 empirical mode decomposition，经验模态分解。

② GRNN，即 generalized regression neural network，广义回归神经网络。

③ MLP，即 multi-layer perceptron，多层神经网络。

对时序进行分析，结果提高了模型预测的准确性。

杨建辉和李龙[72]把非参数方法 SVR① 与改进的期权定价方法相结合，提出了一种期权价格预测模型，并利用 SVR 来解决应用中的非线性问题，进而减小模型预测的误差。对长虹 CWB1 权证及随机 10 支认购权证日价格数据的实证研究表明，在预测精度方面，非参数方法要优于传统的参数方法，而改进后的期权定价方法比传统的方法更符合实际应用中的具体情况。姚潇和余乐安[73]提出了一种融合模糊隶属度思想的模糊近似 SVM，降低了奇异点和数据噪声对模型的干扰，能够显著提高信贷风险分类的预测准确性，具有一定的实际应用价值。赛英等[74]基于国内股指期货相关重要指标，在用遗传算法和粒子群算法对模型不同核函数进行优化的基础上，用支持向量机开展股指期货回归预测研究。最后的实证表明，基于粒子群算法优化的多项式（polynomial）核函数支持向量机具有更高的预测精度。陈懿冰等[75]提出了改进的支持向量机回归模型，将近期的预测错误施加更严厉的惩因子 W，与传统的支持向量机回归模型相比，该模型预测效果更好。耿立艳[76]构建了一种融合相空间重构技术、最小二乘支持向量机（least squares support veotor machine，LSSVM）及变加速系数粒子群优化算法的新的波动率预测模型，对上证综指股指收益的波动率预测实证结果表明，该方法获得了较高的波动率预测精度。李坤和谭梦羽[77]结合小波理论与支持向量机方法，提出了一种小波支持向量机回归的股票预测模型，3 种大盘指数和 13 类不同行业的股票进行测试的结果一致证明，经小波基函数改造的支持向量机核函数预测效果良好。黄润鹏等[78]以行为金融理论为依据，通过格兰杰（Granger）因果关系检验上证综指时间序列数据与情绪倾向时间序列数据之间的相互关系，并在此基础上建立支持向量机模型来预测股票价格的变化，实证结果再次表明融合了微博情绪信息的预测模型在实际预测时能够获得更高的准确性和有效性。

美国数学家 L. Zadeh 于 1965 年创立了模糊（fuzzy）数学，旨在精确表述和处理具有模糊性质的对象。该方法已经在金融时序数据的预测研究领域有了广泛而成功的应用，而且大量研究文献表明，基于模糊逻辑的预测模型在很多情形下的预测精确度显著高于传统的方法[79-81]。模糊时间序列属于模糊数学与时间序列研究相结合的产物，模糊逻辑应用于金融时序数据的预测就会产生模糊金融时序数据，虽然直接结果不是精确的值，但可以利用模糊逻辑表达不确定知识或经

① SVR，即 support vector regression，支持向量回归。

验知识的长处，模拟人类的思维模式得出基本的判断，然后再通过相应变换得到精确的预测值指导金融实践。FL 方法的局限性之一是如何生成合适的模糊规则。进化算法与传统的优化算法相比，是一种具有鲁棒性的全局优化方法，善于解决不确定性系统下的高维复杂问题。根据不同的进化方式可以分为遗传算法、进化规划（evolutionary programming，EP）、遗传规划（genetic programming，GP）和进化策略（evolutionary strategy，ES）。鉴于其出色的优化功能，EA 簇算法已广泛地被应用于金融时序数据的分析预测模型中，而且大多都是在和其他算法相结合以提高智能计算方法的预测精确性和稳定性[82-84]。

1.2.3 组合预测方法研究现状

实证研究表明，单一模型很难全面反映和捕捉预测对象，尤其是具有复杂运动规律的预测对象的整体变化规律。面对具有高度不确定性的金融系统时序数据，很难找到一个单预测模型能对这一复杂巨系统的高维非线性运动轨迹拟合得非常紧密，并对变动背后的客观规律信息做出确定性的解释。组合预测方法就是通过几种定性或定量方法的组合，综合各单项预测模型擅长处理的信息片段侧重点，并通过集成学习的思想得到新的有价值信息，从提高模型预测结果确定性和稳定性的角度，显著改善预测效果。

Bates 和 Granger[85]在 *A Quarterly Journal of Operations Research* 上首次系统性地研究了组合预测方法，之后便引起了国际上相关研究人员的重视，1970 年后涌现出了大量的关于组合模型的研究成果。不少学者在 *International Journal of Forecasting* 杂志相继发表了一系列研究专集[86-88]，Armstrong、Granger 和 Clemen 不仅回顾了之前的组合预测模型、方法及研究现状，而且还对进一步研究的方向和重点进行了专门的评价和展望，为学者的后续研究奠定了坚实的基础。20 世纪 90 年代之后，关于组合预测模型的研究已经得到了广泛的应用并取得了丰硕的研究成果。与此同时，国内也涌现出了一大批优秀的研究成果。唐小我和曹长修[89]，唐小我等[90]，谢开贵和周家启[91]分别对组合预测误差问题、最优组合问题及收敛性等几个基础性问题进行了较为深入的研究，得到了对组合模型结构特征及变权重组合模型系数估计和收敛性研究的一些基本准则和理论证明。基于不同数据的实证研究均证明了文章对于几个问题的认识和设想，为国内组合预测模型研究奠定了一定的基础。王应明从 1997 年开始分别对广义加权多重平均组合预测线性规划解法、基于调和平均数的新的组合预测模型和四种分别基于相关系数、关联度、夹角余弦和泰尔（Theil）不等系数的相关性的组合预测方法进行了研究，提出了多种非线性的预测方法及其不同的参数估计算法[92-94]。陈华友分别于2001年和2003年对组合预测方法进行研究，通过构造最优函数，进一步研究了广义加权算术平均组合预测方法的相关优化理论及数学性质[95,96]。蒋传进[97]利用M3-Competition作为训练和测试样本序列进行相关实证分析，发现组合模型在预测精确度方面相比其包含的单一模型并没有实现绝对性的超越，但却在保持相对预测精确性的同时在很大程度上保证了预测结果的稳定性，降低了预测的风险，而且在这些组合模型的实际应用中并非组合的单一模型越多越好，一般情况下最多不超过5个。

一般来说，目前比较常用的组合预测方法的结构均是遵循如下两种范式开展相应研究的：①基于集成算法思想的混合预测模型。集成学习（ensemble learning）的基本思想类似于机器学习中的多专家系统，就是把为同一个问题进行学习的多个分类器集成起来，再通过某个科学的系统把多个单一模型的预测结果进行有效的组合，并用组合的结果来指导最终的分类，以期改善模型对于多片段信息的学习效率优化预测结果。也就是说，在研究过程中，如果把具有不同数据处理能力的单个模型当作独立的决策者，集成学习的方法就相当于通过多个数据处理模型共同进行一项决策。从提高模型组合效率的角度出发改善混合模型的预测精确性和有效性。但到目前为止，在对最优组合预测模型中的单模型权重赋值的方式和算法还在不断地探讨和研究中[98-101]。②基于分阶段思想的混合预测模型。考虑到不同模型处理不同维度时序数据的能力差异，首先，用线性模型处理一维的金融时间序列并且得到线性预测结果和相应的残差序列；其次，利用某种非线性处理模型在影响金融时间序列的新属性数据集上进一步分析、预测残差序列中的非线性因素；最后，组合两部分预测结果作为对于目标金融时序的最终预测结果。这类方法在基于金融时序数据同时包含线性和非线性成分且不同成分线性可分的基础上，展开相应的模型构建，避免了单模型权重的分配和设定，也得到了广泛的应用[102-107]。

1.2.4 现有研究方法评述

金融时序数据从结构上可以划分为两类：传统的一维金融时间序列（单变

量）和高维金融时间序列（多变量面板数据），针对不同类型数据的特点，研究人员提出了相应的预测模型。但这两类模型分别对不同维度的金融时序数据进行预测性研究时，只是简单地将预测对象视为随机序列，并没有在相应的模型构建中深度融合其相关应用领域经验知识，一定程度上影响了预测模型精度的有效提高。

传统单变量时序分析预测模型的基本思想是通过对时间序列的过去值及现在值建模来预测未来值。单独的统计学方法（如 ARIMA 模型）在处理平稳的单变量金融时序数据时，大量的理论和实证研究均证明了其良好的预测性能。但是，当用于分析非线性成分突出的非平稳的时序数据时，其预测能力就显得十分有限了。专门针对金融数据所量身定做的 ARMA-GARCH① 模型也是一种典型的处理一维金融时序数据的方法，除去对因变量滞后值及随机误差项的现值和滞后值进行回归之外，GARCH 对误差方差和滞后条件方差进行了进一步的线性函数建模。这类模型都是在线性假设的前提下只考虑了时间序列本身的随机特性，而没有考虑研究领域相关经验知识的影响，如时序历史数据运动变化的趋势信息和时间序列数据内部数点之间的时间相关性等信息。按照资本市场非线性动力学系统特征的分析思想，股票市场价格不只是随时间推移而形成的一个随机序列，而应该是由某个复杂函数描述的复杂巨系统生成的数值序列。因此，在预测模型的构建过程中应该考虑充分融合领域内的相关经验知识，赋予市场主体一些特定的行为模式及学习机制，并强调真实的开放市场环境下所有参与对象之间的微观交互，充分挖掘与目标股指数据关系密切的相关信息，包括市场参与对象认知心理的影响变化信息，进而增强模型对于宏观市场运行规律的学习效率，最终改善预测模型的泛化能力，提高模型预测的精确性和有效性。

在处理多变量高维金融数据时，智能计算技术表现出了相对优越的性能。其中，在股票价格时间序列数据预测研究领域早期应用最为成熟的当属 ANN 模型，但是由于受到经验风险最小化原则的影响，寻找最优的 ANN 模型结构仍是有待研究者努力解决的问题。SVM 在金融数据研究领域更是得到了广泛的应用，但在现有基于 SVM 的模型构建过程中却鲜有针对金融时序的内部特征而进行改进的相关理论和实证研究。时序数据内部时间相关性信息处理机制机械化、简单化，甚至几乎不被考虑。例如，高维金融面板数据内部的向量数据之间存在着明

① ARMA，即 autoregressive moving average，自回归移动平均模型。

显的数据相关性，即数据点之间复杂的相互关系会随着时序间隔的变化而变化，然而在 SVM 中核函数是通欧式距离来区分各个实例间相互关系的，这显然并不能够表达高维金融时序数据内部的真实相互关系。另外，SVM 作为一种具有多输入单输出的有监督学习机，在实际的应用中有限的输入变量维数也限制了模型对于时序数据历史信息及其他影响因素信息的有效获取。这些因素都在一定程度上限制了 SVM 模型对于影响时序数据的相关重要信息的动态回馈和学习效率，也影响了 SVM 模型对于金融时序分析预测的精确性和稳定性。

处理高维金融时序数据时，缺乏市场信息为导向的输入变量筛选机制。20 世纪 90 年代，在欧美发达国家的推动下，由于国际贸易的自由化、生产的国际化、国际资本的跨市场套利及投资者心理的一致预期等因素的影响，各国股市之间收益率和波动率呈现出较强的“同涨同跌”联动现象。这说明在这种不同区域证券市场之间联动效应或传染效应日益增强的新形势下，证券市场内部各因素的灵敏度分析变得越发必要，高维非线性金融时序数据中必定蕴含了这种金融环境下众多的客观规律信息。应该通过一定的非线性相互关系计算模型，从海量的非线性离散型金融时序面板数据中寻找出其背后的微观交互信息，并以此构建智能学习机的高维输入向量信息，改善现有预测模型对于金融时序数据内部市场信息的解读能力，提高模型的预测精度。

1.3　主要研究成果及创新

金融时间序列分析是一门应用性极强的学科，它的主题就是应用时间序列的分析方法，对资本市场和所有的金融研究领域进行实证研究，丰富金融经济计量研究成果的同时也为进一步金融理论规范研究提供新的改进方向。金融时间序列是由金融系统产生的离散数据，若把金融系统当作一个复杂巨系统，则对其背后潜在的客观规律信息的分析和解读就不能仅仅借助某个确定的模型来展开研究，而是应该通过对这个复杂系统的观测数据改进或创新模型构建，从数据驱动的角度对金融系统展开反向的分析和研究。

1.3.1　融合历史数据变化趋势信息的金融时序预测研究

对于证券分析来说，首先需要找到市场的趋势，是上升、下降还是横向运动。罗伯特·D. 爱德华兹等在《股市趋势技术分析》中指出，股票价格的演变总是在以某种趋势进行，直到接受新信息的影响，然后再以一定的演进形式通过价格变化展现出来。股票价格这种复杂变化现象背后所隐含的趋势信息实际上对于价格的变化起着决定性的支配作用，其重要性胜过任何内部人士或机构组织的专家意见和看法[108]。另外，以集合竞价方式按照成交量最大化原则所确定的开盘价不仅仅是市场专家或机构的不同观点，同时还包含了许多当期市场潜在的非量化信息。因此，无论是价格时序的演进趋势变化信息，还是股票市场往期收盘与当期开盘价格间的隔夜跳空行为所代表的市场综合信息，都是影响价格时序未来收益或波动的重要内在因素。然而，传统的基于单变量金融时序数据的分析预测模型在实际应用中仅仅考虑了滞后历史数据所包含的数值信息，对于在每个滞后时间点的变化趋势信息及隔夜跳空开盘行为信息却未纳入计算模型进行统一考虑，在一定程度上影响了模型分析时序数据时的泛化能力。因此，本书拟在深入研究一维金融时序数据分析预测模型的基础上，针对这些特殊的市场变化信息和市场收益预测模型展开融合研究。借助跟踪微分器，在模型重构的过程中科学有效地表达时序数据趋势变动信息和隔夜价格跳空开盘信息，改善模型对于市场动向的把握能力，提高预测模型在数据除噪、趋势判别及预测精确度等方面的综合性能。

创新点：通过跟踪微分器实现对于高频噪声扰动下时序数据变化趋势近似微分信息的有效获取；通过梯度因子的构建描述股票市场隔夜跳空开盘行为所表达的市场综合信息；在传统 ARMA-GARCH 模型的基础上分别加入时序数据变化趋势信息和梯度因子，构建对于市场动向学习和泛化能力更强的新模型。

1.3.2 融合金融市场联动效应的金融时序数据预测研究

股票价格时间序列的不确定性是股票市场具有复杂运动规律的综合外在表现形式。影响股票市场的因素很多，而且随着全球经济一体化趋势的不断加强，不同区域金融市场之间的联动关系和传染效应表现得越来越显著，进一步增强了股指收益率时序数据的高维复杂性特征。因此通过构建模型对未来股票收益率时间序列进行预测时，不能只关注单变量时序数据本身所包含的有限信息，而是要赋予市场主体一些特定的行为模式及学习机制，并强调真实的开放市场环境下所有参与对象之间的微观交互，充分挖掘与目标股指数据关系密切的周边证券市场的相关变化信息，进而增强模型对于宏观市场运行规律的学习能力。基于此，本书提出了一种基于近邻互信息特征选择的 SVM-GARCH 预测模型，新的模型充分利用 SVM 处理高维面板数据的优势，在考虑股指收益率自身历史数据信息的基础上，还借助近邻互信息技术科学有效地融合了真实市场环境下影响目标市场收益率的周边金融市场变化信息。该模型不仅改进了传统线性仿真模型的设计，增强了模型分析收益率时间序列数据非线性复杂结构的能力，还通过与 GARCH 模型结合改进了 SVM 模型处理预测结果残差序列中异方差效应的不足，使模型更加贴近真实的市场环境。

创新点：通过近邻互信息的概念实现了对于离散型时序数据边缘概率密度和联合概率密度的数值求解，科学地描述了不同金融市场间非线性特征突出的相互关系；SVM-GARCH 模型的构建不仅同时融合了自身历史数据信息和金融市场间联动、传染效应信息，而且还增强了传统模型对于时序数据非线性成分的分析和预测能力，适用于针对高维金融时序面板数据的分析和研究。

1.3.3 融合金融时序数据内部时间相关性的研究

时间序列的预测就是通过收集、分析时序变量数据值，并构建模型研究其历史观测值所反映的规律信息，以期预测未来发展趋势的引申外推行为。但作为一种特殊的时序数据类型，金融时序数据内部数据点之间存在着明显的数据相关性，即数据点之间复杂的相互关系会随着时序间隔的变化而变化。我们把这种关系称之为金融时间序列数据的内在时间相关性经验知识。当前，在处理具有显著非线性特征的金融数据时，智能计算技术表现出了相对优越的性能，其中 SVM 作为一种具有多输入单输出的有监督学习机，在金融数据研究领域更是得到了广泛的应用。但在现有基于 SVM 的模型构建过程中却鲜有针对金融时序的内部特征而进行改进的相关理论和实证研究，即在 SVM 中使用欧式距离表征向量之间不同关系的方式并不能够科学、真实地表达金融时序数据内部之间不同的时间相关性特点。另外，SVM 在实际的应用中有限的输入变量维数也限制了模型对于时序数据历史信息的有效获取。这些因素都在一定程度上影响了 SVM 的泛化能力，降低了模型预测时序数据的准确性。基于此，本书针对不同类型的金融时序数据，分别提出了基于泰勒展开的单变量金融时序预测模型和基于时间测地线距离的 SVM 高维面板数据预测模型，旨在融合金融时序数据时间相关性的同时提高预测模型分析、处理数据的综合能力。

创新点：借助高增益跟踪微分器实现对于离散型金融时序数据点各阶微分信息的近似获取；通过对基于泰勒展开的预测模型离散化形式的收敛性证明推导，明确表达了预测模型对于时序历史数据信息的动态回馈及不同时序数据点之间变权重关系的描述；通过计算邻近点的方式，实现流形学习（manifold learning）中测地线距离的概念，并以时间测地线距离替代传统的欧式距离重构 SVM 多项式核函数，表征金融时序数据内部真实的时间相关性经验知识，提高模型的预测能力。

1.3.4 金融时序数据混合预测模型研究

针对金融时序数据影响因素众多、成分复杂的现实情况，在前人研究的混合方法范式基础上，本书提出了融合传统统计理论的线性预测方法和非线性人工智能算法的新的多阶段分步处理混合预测模型。从已经获取的单变量（一维）和多变量（高维）金融时间序列出发，针对数据自身的特点，结合机器学习方法、数据挖掘方法及控制论等相关领域的最新研究成果，在深入剖析金融时序数据内部复杂相互关系及各种单模型处理不同维度时序数据能力差异的基础上，科学有效地表达金融时序数据的相关性经验知识，针对金融时序数据的不同类别，创造性地开展融合集成学习算法思想的预测模型重构及改进研究，显著提高金融时间序列预测模型的科学性和有效性。

创新点：分别针对不同类型的金融时序数据，在创新时序数据非线性成分分析处理模型的基础上，提出针对单变量金融时序数据的 ARIMA-TEF 预测模型和针对高维金融时序面板数据的 ARIMA-TGD-SVM 预测模型；开展线性和非线性分阶段混合模型的构建，避免了多模型决策权重函数的设定和优化问题。

1.3.5 本书研究结构

本书分别针对具有不同结构特点的金融时序数据，展开单模型和混合预测模型的重构及创新工作，包含对单变量金融时序数据的分析和针对高维金融时序面板数据的研究。旨在从数据驱动的角度出发，挖掘并发现复杂金融现象背后的客观规律，指导金融实践、改善市场效率。根据上述研究内容，全文一共分为 8

章。具体的篇章结构及主要内容安排如下。

第1章，绪论部分依次介绍本书的研究背景、研究意义、研究现状及存在的不足。在此基础之上，概括介绍了本书的主要研究内容和相应研究工作展开的方法及技术路线。

第2章，对相关基础理论的原理、模型特征及适用范围进行了简要的介绍，为后续模型重构和创新做必要的铺垫和相应的知识储备。

第3章，构建基于微分信息的ARMAD-GARCH股票价格预测模型，融合数据变化趋势信息以提高模型对于单变量金融时序数据的预测精度。

第4章，把股票价格时序数据变化趋势的微分信号和股票市场的隔夜跳空开盘信息综合提取为一个梯度因子并引入到传统的ARMA-GARCH模型中，构建基于梯度因子的G-ARMA-GARCH模型，改善模型的学习能力和泛化能力，提高模型对于单变量金融时序数据的预测精度。

第5章，为了克服传统线性模型处理收益率数据非线性因素的不足，提出基于近邻互信息特征选择的SVM-GARCH预测模型。通过自身信息和市场联动信息的有效融合，提高模型对于高维金融时序面板数据在数据除噪和趋势判别等方面的综合性能。

第6章，为了改善现有模型对金融时间序列数据尤其是高维面板时序数据内部的时间相关性融合的性能，提出了一种新的股票价格混合预测模型，分别用ARIMA和基于时间测地线距离的SVM处理金融时序的线性和非线性成分，从而显著提高组合模型的预测精度。

第7章，面对传统的单变量金融时序数据，构建了一种基于泰勒展开的预测模型并与ARIMA方法组合为分阶段的混合模型，借助微分器对噪声扰动不敏感的特性，克服传统方法对于时序数据内部经验知识获取不足及缺少动态回馈历史数据信息的问题。

第8章，对本书所做的金融时序预测模型研究内容进行了总结和概括，并结合研究中存在的不足对今后有待进一步深入挖掘的问题做了进一步的展望。

1.4 研究方法及技术路线

复杂的国际经济金融环境下，频频发生的大规模金融动荡和危机，使得广大金融市场投资者、管理者及相关研究人员不得不深刻反思传统意义下的金融系统运行规律[109,110]，而且对现实生活中各种金融异象的深入研究，也逐渐促使人们用复杂系统的视角重新审视当今世界日新月异的金融市场[111]。从数据驱动的角度出发，对金融系统开展“自底向上”的建模，关注金融系统参与对象的自适应能力和交互行为，以探索金融系统的复杂演化动态规律，这是复杂系统视角建模思想在金融领域的应用之一。

1.4.1 研究方法概述

金融市场是一个受多种因素综合影响的、庞大的复杂巨系统，其本身具有高度复杂的非线性运动规律，而非平稳的金融时间序列数据则是金融市场在复杂的多变量环境影响下的一种具体表现形式。金融数据波动的背后定然存在着一些潜在的必然规律，而这些规律则影响或支配着金融时序数据的变化趋势和变化幅度。坚持以数据驱动为研究突破口，就是要根据预测学理论及相关知识，对金融系统开展“自底向上”的建模，挖掘金融系统背后潜在的复杂演化规律信息。从不同角度运用各种工具科学有效地对金融时序数据内部相关性经验知识进行有效的提取和数学化的描述。在此基础上对现有金融时序数据的预测模型进行改造或重构新的预测模型，融合金融时序数据时间相关性经验知识的同时，增强模型对于高维非线性金融市场知识的解读和学习能力，挖掘金融时序数据背后的客观规律信息，提高预测模型预测结果的科学性和有效性。

数据驱动的“至下而上”建模研究方法本身就是金融理论与实践的高度统一，它同时包含了理性预期、市场有效性等学术范畴的概念，以及技术分析、市场心理学等实务的要求[112]。相关研究工作以现代计算机技术为工具，借鉴智能计算、机器学习及控制论等相关研究的最新成果，依托既定的金融市场和制度安排展开研究。在对传统模型重构或模型新建的过程中，从不同的角度充分挖掘并融合金融时序数据内部的各种经验知识，改善预测模型对于真实市场环境的学习和解读能力，提高模型预测的精度。相比传统的在各种假说的研究范式下展开的相应研究，以数据驱动的建模研究方式具有逻辑顺畅、结构清晰、数据充足、采样方便、可控易观等方面的优点，有利于克服规范分析假设过于严格、实证分析难以进行灵敏度测试的弱点[113]。

1.4.2 研究技术路线

本书研究的技术路线如图 1-1 所示。在选定通过对金融时序数据建模研究其可预测性问题的基础上，查阅了大量的文献资料及相关成果并深入分析研究现

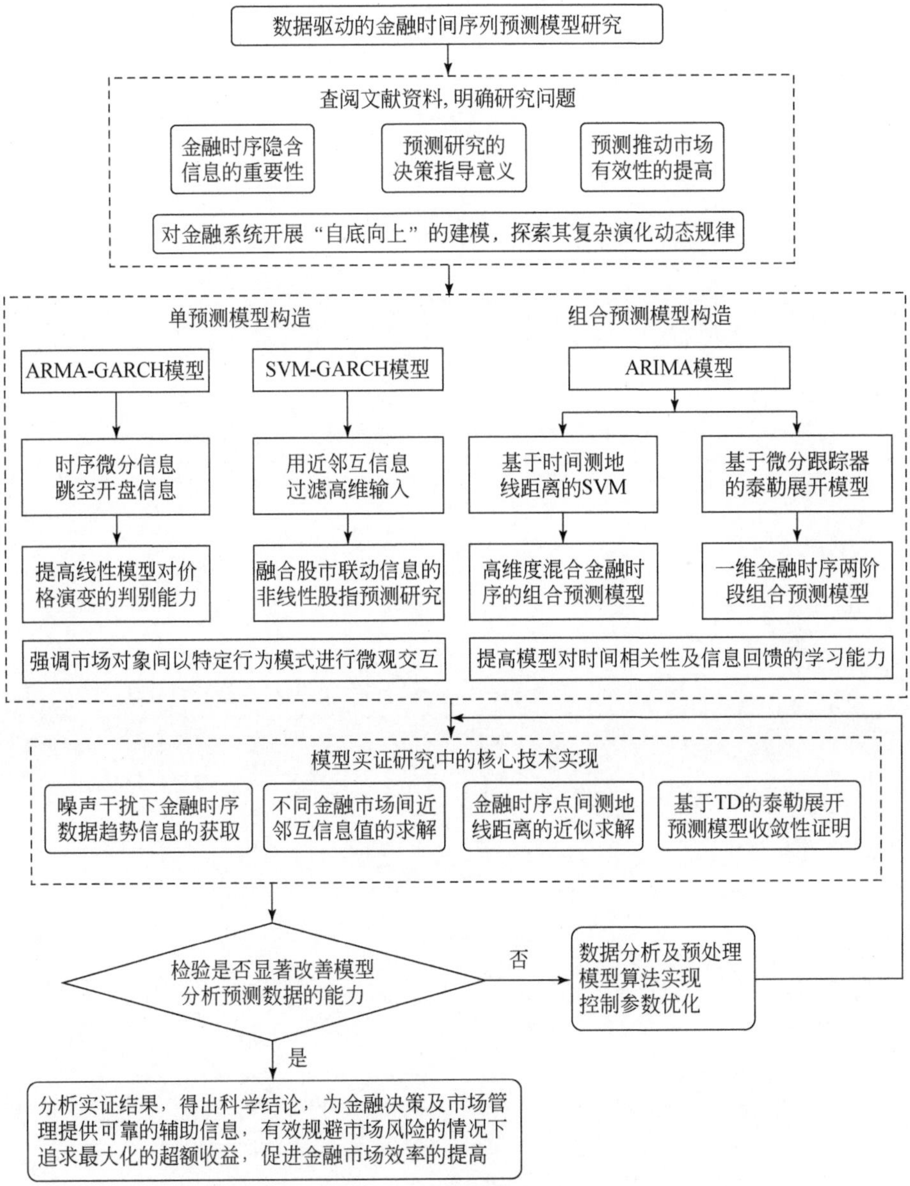

图 1-1 技术路线图

状，明确了数据驱动的金融时间序列预测模型研究重点方向。从已经获取的单变量（一维）和多变量（高维）金融时间序列出发，针对数据自身的特点，结合金融时间序列分析、时间序列预测技术和控制论等的最新研究成果，在分析金融时序数据内部结构的基础之上，科学有效地表达金融时序数据内在的时间相关性经验知识，并利用重构的混合系统进行金融时间序列的预测。

第2章　相关理论基础

近几十年来，随着预测理论与方法研究的不断深入，不仅已有方法在预测实践中不断得到完善，而且各类预测新模型也获得了蓬勃发展。但每一种预测方法都有其所对应的特点、原理和最佳适用范围，在对某个特定的对象进行预测时，采用的预测方法或策略不同，得到的预测结果有时差异显著。预测方法选择过程的科学与否，往往会直接影响预测结果的准确性与有效性。因此在对目标进行预测时，需根据预测对象的具体属性和实际条件，选择或构建最合适的预测模型。所以，本章将介绍几种常用的预测方法，了解各种预测方法的基本原理、适用条件、模型特征及适用范围等。一方面，简要地介绍这些适用性较为广泛的方法和模型，便于普及推广相关领域应用知识；另一方面，这些较为基础的算法知识也是后面章节构建改进算法和新建预测模型等开展深入研究所必需的铺垫和必要的知识储备。

2.1　ARIMA 模型

ARIMA 方法由 Box 和 Jenkins[114]提出以来，早已被相关研究人员和广大使用者认为是对时间序列分析、预测产生革命性影响的一种数据处理模型。ARIMA 是一种线性回归模型，其对于平稳的时序数据未来数值的预测可以通过对时序历史数据及误差序列的线性回归来获取。但是，在现实生活中，尤其是社会属性较强的时序数据往往都是具有时变性的非平稳数据，而且随着经济社会的飞速发展，其非线性的成分和属性显得越来越突出。面对此类时序数据，若要运用 ARIMA 模型就必须首先对数据进行平稳性处理，常规的办法是先观察其时序图，再通过差分处理其显著的增长或下降的趋势，通过对数变换或 Box-Cox 幂变换处理时序的异方差性质，反复分析处理直到获取平稳的时序数据为止。实际应用中，最常用到的就是通过 ADF 单位根检验来判断时序数据的平稳性。假定 $X = \{x_i,\ i=1,\ 2,\ \cdots,\ N\}$ 是一个时间序列，则 ARIMA（p, d, g）模型可以描述如下：

$$\hat{l}_t = \theta_0 + \varphi_1 x_{t-1} + \varphi_2 x_{t-2} + \cdots + \varphi_p x_{t-p} - \varepsilon_t - \theta_1 \varepsilon_{t-1} - \theta_2 \varepsilon_{t-2} - \cdots - \theta_q \varepsilon_{t-q} \tag{2-1}$$

式（2-1）中，参数 p，d，q 要求非负，分别表示自回归的阶数、差分阶数及移动平均的阶数；x_t 表示实际观测值；$\hat{l}_t$ 表示 x_t 相应的预测值；ε_t 表示预测结果和真实观测数据之间的误差值；φ 和 θ 都表示待估计的参数值。其建模思想总结为如下 4 个步骤：①模型识别，首先对时间序列数据进行平稳性检验，若该时间序列是不平稳的，就需要通过采用差分变换或者对数差分变换使得序列平稳。②模型估计，计算自相关系数及偏自相关系数等统计量的值，并结合最小信息准则（Akaike information criterion，AIC）和施瓦茨准则（Schwarz criterion，SC）来确定模型的回归阶数 p 和 q，估计模型参数，检验参数的显著性及模型自身的合理性。③诊断和检验，所谓的诊断分析即通过进行残差检验来验证模型的有效性，证实估计得到的模型确实与观察到的时序数据特征相符，若模型能够很好地拟合数据，则残差序列应该是一个白噪声过程，即不同时期的残差是不相关的。若检验未通过，则需要转向步骤 3，重新对模型参数做出选择并重新拟合；如果通过，则可确定模型。④模型预测，根据已经确定参数的模型，结合相关应用软件来预测时序数据的未来变化发展的趋势。

显然，通过观察 ARIMA 模型的构成可以直观地看出，模型对时序变量的预测值是在被预测变量满足线性前提假设的基础上得来的，即时序变量历史观测数据与误差序列的线性函数关系就可以拟合出时序变量自身的未来预测值。然而，我们知道现实生活中，尤其是社会属性较强的时序数据，其非线性的成分和属性随着经济社会的飞速发展显得越来越突出，这一共识逐渐被越来越多的研究所证明。于是，用 ARIMA 模型来预测时序数据的实际应用中，尤其是在对复杂金融时序数据分析预测时具有明显的局限性。为了提高预测性能，ARIMA 模型就需要增加大量的学习样本和实例，然而，训练结果的过拟合问题并不能代表 ARIMA 模型泛化能力的本质提升。而且，广大研究人员也发现，新兴科学技术的突飞猛进带来了社会变迁速率的提升，反映了人们对时序数据信息更新频率需求的增加，也就是说，对金融时序展开预测研究时，模型的训练样本所包含历史数据的期限跨度需要随之产生相应的缩减趋势。而这种要求又会进一步限制 ARIMA 线性模型预测结果的有效性和稳定性。

2.2　GARCH 模型族

GARCH 模型由著名经济学家 T. Bolerslev 于 1986 年提出，是美国 Engle 教授所提出的 ARCH 模型的拓展和推广，其中 GARCH（p，0）过程就是我们所熟知的 ARCH（p）模型，GARCH 模型广泛的适应性是因为其简单地刻画了高阶的 ARCH（p）模型，而且相比其他普通的回归模型，GARCH 模型还对预测误差的方差进行了进一步的线性建模分析，特别适用于时序数据波动性的分析和预测。国内外许多实证研究表明，GARCH 模型的分析对于广大的金融市场参与者能够提供极具指导意义的决策辅助信息，只是由于模型自身关于条件方差是滞后残差平方的线性函数的假设，使得 GARCH 模型认为时序波动对于价格正向和负向变化的反应是相同的。

2.2.1　ARCH 模型

资产收益率的扰动项 u_t 最多只是低阶序列相关的或是不相关的，但它们之间不是独立的；扰动项或信息 u_t 之间的依赖性可以通过其自身滞后数据平方项的线性函数来表示，即 u_t 的条件方差依赖于它的前期值 u_{t-1} 的大小。例如，考察回归方程 $y_t = \gamma_0 + \gamma_1 x_{1t} + \cdots + \gamma_k x_{1k} + u_t$ ，设 u_t 的均值为 0，在这个模型中，变量 y_t 的无条件方差是固定的，但其条件方差却是不一定的。其条件方差 $\mathrm{VaR}(y_t \mid Y_{t-1})$ 表示基于 $(t-1)$ 时刻的信息集合 Y_{t-1} 下的 y_t 的条件方差。把它假设为是模型滞后扰动平方的线性函数，也就是把它变动的原因归结为误差项存在自回归结构。

假设在 $(t-1)$ 时刻，干扰项的平方 u_t^2 是服从 AR（1）过程的，则 $u_t^2 = \alpha_0 + \alpha_1 u_{t-1}^2 + \varepsilon_t$ ，其中 u_t 的条件方差仅依赖于前一期的残差平方干扰项，称为 ARCH（1）过程。当然如果条件方差依赖于前 p 期的残差平方项，即 $\mathrm{VaR}(u_t) = \sigma_t^2 = \alpha_0 + \sum_{i=1}^{p} \alpha_i u_{t-i}^2$ ，则称之为 ARCH（p）过程，参数 α_i 也是利用极大似然估计法估计得到。

ARCH 模型一经提出，就显示出了强大的生命力，在经济金融领域取得了大量成功的应用。但是也存在一些不足：①ARCH 模型假设波动率依赖于扰动信息历史数据值的二次平方项，即对于价格的正、负扰动具有同样的反应，这与现实世界人类社会经济生活中的现象是存在显著差异的。②ARCH 模型尤其是高阶的

ARCH 模型对于参数的限制很严格，实际应用中往往会受到很大的限制，不能很好地描述超额峰度。③ARCH 模型只是从形式上刻画了条件方差，尚不能解释条件方差产生的真正原因。④ARCH 模型对于收益率序列中的奇异值扰动现象反应并不敏感，以至于对波动率的预测结果往往会有一定程度的偏高。

虽然 ARCH 模型原理简单，但为了充分地描述资产收益率的波动率过程，往往需要很多参数。即在实际应用中，许多经济问题经常会出现 u_t 的条件方差 σ^2 是依赖于多期之前的变化量的，于是就必须同时考虑很多的参数，不仅计算量非常大，而且很有可能会带来多重共线性等其他的问题[115]。为了弥补 ARCH 模型的这一应用缺陷，波勒斯列夫（T. Bollerslev）于 1986 年提出了 GARCH 模型。

2.2.2 GARCH 模型

实际上，ARCH 过程进行到无限阶时，就是 GARCH 过程。则 GARCH（p，q）模型具有与 ARCH（q）模型同样的特点。但 GARCH 模型的条件方差同时是滞后残差平方和滞后条件方差的线性函数，即把方程变为 $\sigma_t^2 = \omega + \sum_{i=1}^{p} \alpha_i u_{t-i}^2 + \sum_{j=1}^{q} \beta_j \sigma_{t-j}^2$。实际应用中我们常常应用 GARCH（1，1）模型，即形式为 $\sigma_t^2 = \omega + \alpha u_{t-1}^2 + \beta \sigma_{t-1}^2$。大量实证研究表明 GARCH（1，1）模型能够充分捕捉数据中的波动聚集性。因此，很多实际应用中仅仅使用了 GARCH（1，1）模型而很少采用高阶的模型。本节主要介绍 GARCH 族模型的几种主要的分类，以及它们的一般表现形式。

GARCH-M 模型（均值 GARCH 模型），金融研究中，证券的收益会依赖于它的波动率，即预期收益与风险是成正比的。GARCH-M 模型就是基于风险与收益之间的紧密联系，进一步将普通的 GARCH 模型进行针对性地改造和重构，使条件方差对于收益均值产生直接的影响，属于 GARCH 模型在实际应用中结合具体问题进行改造的一个范例，随着研究的不断深入也成为 GARCH 模型族的一个很重要的分支。GARCH-M 模型的结构是在一般回归方程 $y_t = \gamma_0 + \gamma_1 x_{1y} + \cdots + \gamma_k x_{kt} + u_t$ 的右边增加了一项关于 σ_t^2 的式子，即

$$\begin{cases} y_t = \gamma_0 + \gamma_1 x_{1y} + \cdots + \gamma_k x_{kt} + \rho \sigma_t^2 + u_t \\ \sigma_t^2 = \omega + \sum_{i=1}^{p} \alpha_i u_{t-i}^2 + \sum_{j=1}^{q} \beta_j \sigma_{t-j}^2 \end{cases} \tag{2-2}$$

GARCH-M 模型表明，时间序列外存在着由波动率过程 σ_t^2 导致的序列相关

性。若其中的参数 ρ 是正的而且在统计意义上是显著的，则由条件方差增加而带来的风险会导致均值收益的上升，于是 ρ 被解释为风险溢价（risk premium）。可以看出 GARCH-M 模型具有非常明显的经济意义，很多情况下会应用于资产的预期收益及预期风险相关的金融研究领域。

TGARCH 模型（threshold GARCH）：通过对 GARCH 模型框架的简单修正用来描述正向干扰和负向干扰对市场波动率的非对称影响后果，TGARCH 模型最早分别由 Zakoian[116] 于 1990 年及研究者 Glosten 等[18] 于 1994 年提出，不仅可以有效地描述证券市场的非对称性波动，而且条件方差使用指数形式表示，可以放松对模型参数的限制。TGARCH 模型的条件方差可表示为

$$\sigma_t^2 = \omega + \alpha u_{t-1}^2 + \gamma u_{t-1}^2 I_{t-1}^- + \beta\sigma_{t-1}^2 \tag{2-3}$$

式中，I_{t-1}^- 表示一个虚拟变量，TGARCH 模型可以用于检验股市中的杠杆效应，即金融市场中坏消息引起的波动要比好消息引起的波动大；γ 表示正、负向干扰对市场波动率的非对称影响的参数，显著不为零的参数 γ 表示不同类型的消息对波动性的影响是非对称的。通过模型可以看出，利好消息（$u_{t-1} > 0$）和利空消息（$u_{t-1} < 0$）对条件方差有着明显不同的影响，若是利好消息，即（$u_{t-1} > 0$）时，有（$I_{t-1}^- = 0$），条件方差受到一个系数为 α 的冲击；而对于利空消息，即（$u_{t-1} < 0$）时，有（$I_{t-1}^- = 1$），则条件方差会有一个（$\alpha + \gamma$）倍的冲击。即若 $\gamma > 0$，就可以说明存在显著的杠杆效应。

EGARCH 模型：研究发现，股票价格进行等幅度上升或下跌时，波动性呈现不对称状态。为了对这种非对称现象进行解释，在 GARCH 模型的基础上，重新构造了非对称的模型。该模型由 Nelson[17] 引入，该模型对参数的非负约束条件进行了一定的放松，并将条件方差表示为对数形式，即

$$\ln\sigma_t^2 = \omega + \beta\ln\sigma_{t-1}^2 + \alpha\left|\frac{u_{t-1}}{\sigma_{t-1}}\right| + \gamma\frac{u_{t-1}}{\sigma_{t-1}} \tag{2-4}$$

因为 EGARCH 模型采用了 ln 对数形式的变换，所以条件方差不会出现负值；而且，可以看出条件方差依赖于冲击的绝对水平，可以反映冲击方向的影响。如果 $\gamma < 0$，就可以认为存在杠杆效应，也就是负的冲击对被动的影响大于正的冲击所带来的影响。与传统的 GARCH 模型相比较，EGARCH 模型能够更好地反映资本市场中广泛存在的信息不对称现象，越来越多的实证研究表明，EGARCH 模型比传统的 GARCH 模型能更有效地拟合资本市场的数据，但构造波动性预测模型方面尚需研究。

DCC-GARCH（dynamic conditional correlation GARCH）模型：是由 Engle[117] 在 Bollerslev[118] 建立的常相关 GARCH 模型（constant conditional corelation GARCH）的基础上进一步发展而来，是属于多变量 GARCH 模型的一种，多用于研究数据间的联动与传染等。假设 r_t 是均值为零的收益率序列，则 DCC-GARCH 模型的具体形式可表示为

$$\begin{cases} r_t \mid \varphi_{t-1} \sim N(0,\ D_t R_t D_t) \\ D_t^2 = \text{diag}\{\omega_i\} + \text{diag}\{k_i\} \times r_{t-1} r'_{t-1} + \text{diag}\{\lambda_i\} \times D_{t-1}^2 \\ \varepsilon_t = D_t^{-1} r_t \\ Q_t = S \times (u' - A - B) + A \times \varepsilon_{t-1}\varepsilon'_{t-i} + B \times Q_{t-1} \\ R_t = \text{diag}\{Q_t\}^{-1/2} Q_t \text{diag}\{Q_t\}^{-1/2} \end{cases} \tag{2-5}$$

式中，D_t^2 表示对角矩阵，其对角线数据元素为各变量的条件方差值；Q_t 表示经标准化处理后的残差序列 ε_t 的条件协方差矩阵；S 表示标准化后残差序列 ε_t 的无条件协方差矩阵；R_t 表示条件相关系数矩阵；符号×表示 Hadamard 乘积，即两矩阵对应元素的乘积；$\text{diag}\{Q_t\}^{-1/2} = \text{diag}(1/\sqrt{q_{11,\ t}},\ \cdots,\ 1/\sqrt{q_{nn,\ t}})$；$\omega_i$、$k_i$、$\lambda_i$、$A$、$B$ 均表示待估参数。

DCC-GARCH 模型参数估计时一般分两个步骤：首先，估计每个市场收益率的单变量 GARCH 模型，即使用一元 GARCH 模型对各变量进行估计，并用得到的条件方差去除残差，得到标准化残差序列；其次，用第一步得到的标准化残差序列估计出模型的动态条件相关系数（条件协方差）。

GJR（Glosten Jagannathan Runkel）-GARCH 模型：Glosten 等[18]提出了 GJR 模型在条件方差方程中加入负冲击的杠杆效应，同时考虑了利好消息和利空消息对于波动性的不同影响，GJR-GARCH 模型可以处理资产收益率序列的有偏分布，其具体形式可表示为

$$\begin{cases} r_t = c_1 + \sum_{i=1}^{R} \phi_i r_{t-i} + \sum_{j=1}^{M} \theta_j \varepsilon_{t-j} + \varepsilon_t \\ \varepsilon_t = u_t \sqrt{h_t} \\ h_t = k + \sum_{i=1}^{P} G_i h_{t-i} + \sum_{j=1}^{Q} A_j \varepsilon_{t-j}^2 + \sum_{j=1}^{Q} L_j \lambda_{t-j} \varepsilon_{t-j}^2 \end{cases} \tag{2-6}$$

式中，$\sum_{i-1}^{P} G_i + \sum_{j=1}^{Q} A_j + \frac{1}{2}\sum_{j=1}^{Q} L_j < 1$，$k > 0$，$G_i \geqslant 0$，$i = 1,\ 2,\ \cdots,\ P$，$A_j \geqslant 0$，$j = 1,\ 2,\ \cdots,\ Q$，$A_j + L_j \geqslant 0$，$j = 1,\ 2,\ \cdots,\ Q$。$L_j$ 表示杠杆系数，若 $L_j > 0$，说明存在负的信息冲击 ε_{t-j} 增加了收益率的波动性，即存在明显的杠杆

效应；ε_t 表示收益率残差；h_t 表示条件方差；P、Q 表示 ε_t 和 h_t 的滞后阶数；k 表示方程的截距项；G_i 和 A_j 表示方程系数。

不同条件分布的 GARCH 模型：在众多条件异方差模型的分布假设方面，最常采用的就是正态分布假设，正态分布虽然具有对称性、可加性、相关性易测量等诸多优点，但在实际应用领域中，针对金融时间序列分布具有波动聚集和尖峰厚尾等特性，根据特定的应用环境还可以考虑不同的其他分布形式，如 t 分布、广义误差分布等。相比标准正态分布，t 分布具有显著的厚尾特征，当自由度趋于无穷大时，t 分布的概率密度函数其实就等于标准正态分布的概率密度函数，因此，可以把 t 分布认为是广义的正态分布，但是 t 分布缺少了正态分布所特有的许多优良统计特征，而且多变量联合 t 分布在实际应用中并不容易估计，这些因素在很大程度上限制了 t 分布在金融时序数据分析中的进一步广泛应用。广义误差分布的概率密度函数为 $f(z_t) = \dfrac{v \cdot \exp(-|z_t/\lambda|^v/2)}{\lambda \cdot 2^{(1+v)^{-1}}\tau(v^{-1})}$。式中，$\lambda = [2^{-2/v}\tau(1/v)]/(3/v)^{1/2}$；$\tau(\cdot)$ 表示gamma函数；参数 v 决定具体的分布形式，当 $v=2$ 时，GED 就会转变为正态分布，当 $v>2$ 时，其分布形式的尾部比正态分布更薄一些，相反当 $v<2$ 时，尾部分布更厚。由此可以看出，GED 分布其实是一种比较复杂的分布形式。

2.3 支持向量机

支持向量机是由 Vapnik 于 1995 年提出的，建立在统计学习理论上，研究小样本情况下，建立结构化风险最小化的学习模型[119]。

2.3.1 统计学习理论

学习问题可描述为在给定有限训练样本的情况下，通过学习估计输入与输出之间的依赖关系，因此学习问题可表述为如果有序对 $z_i = (x_i, y_i)_{i=1}^{l}$，$x_i \in X \subseteq R^n$，$y_i \in R$ 为一组学习系统的输入和输出数据，假设在输入和输出之间存在一个固定但未知的关系 F，则学习问题是指在给定一个函数集合 $Q(z, \alpha)$，$\alpha \in \Lambda$ 上，通过对训练集的学习，从以上给定的函数集中选择一个最佳函数 $Q(z, \alpha_0)$ 使该函数在一定意义上逼近 Z 上的未知概率分布 F。

为了度量 $Q(z, \alpha)$，$\alpha \in \Lambda$ 中的某个函数逼近 F 的程度，可以使用风险泛函 $R_{\exp}(\alpha)$ 来描述观测值 y 与预测值 $f(x, \alpha)$ 之间的损失函数 $L[y, f(x, \alpha)]$ 的期望值，我们把该风险泛函 $R_{\exp}(\alpha)$ 称为期望风险，定义如下：

$$R_{\exp}(\alpha) = \int L[y, f(x, \alpha)] \mathrm{d}F(x, y) \tag{2-7}$$

式中，$L[y, f(x, \alpha)]$ 表示损失函数，然而在实际应用中概率测度 $F(x, y)$ 这一先验知识未知，因此期望风险 $R_{\exp}(\alpha)$ 无法直接计算，于是，在实际过程中，通常假设训练集的分布与 $F(x, y)$ 一致，最小化经验风险泛函 $R_{\mathrm{emp}}(\alpha)$ 来近似期望风险 $R_{\exp}(\alpha)$，模型如下：

$$R_{\mathrm{emp}}(\alpha) = \frac{1}{l}\sum_{i=1}^{l} L[y_i, f(x_i, \alpha)] \tag{2-8}$$

期望风险 $R_{\exp}(\alpha)$ 反映了在与 x 同源的输入空间上使用逼近函数对输出进行模拟导致的精度降低[120]；而经验风险泛函 $R_{\mathrm{emp}}(\alpha)$ 只度量在有限训练集上损失函数的均值。

经验风险极小化（empirical risk minimization，ERM）原理就是要利用经验风险 $R_{\mathrm{emp}}(\alpha)$ 的极小化来逼近期望风险 $R_{\exp}(\alpha)$ 的极小化，也就是在函数集 $Q(z, \alpha)$ 中寻找一个函数使得式（2-9）成立，即

$$R_{\mathrm{emp}}(\alpha) = \inf R_{\mathrm{emp}}(\alpha) \tag{2-9}$$

由此可知，期望风险 $R_{\exp}(\alpha)$ 反映了在与 x 同源的输入空间中使用逼近函数对输出进行模拟或预测所导致的模型精度降低的总和。在实际应用中，通过假设训练集的分布与 $P(x, y)$ 是一致的，来寻求经验风险的最小化，以经验风险最小化原则为基础生成的学习模型一味追求在训练样本上的最小误差，可能导致模型产生较为严重的过拟合而影响模型的泛化能力。统计学习理论给出期望风险和经验风险间的关系，即泛化的界限。根据推广性界理论，可得如下定义。

定义 2.1 如果 h 为函数集合 $Q(z, \alpha)$，$\alpha \in \Lambda$ 的 VC 维，对于给定的 $\delta \in (0, 1]$，则下面的不等式至少以 $1-\delta$ 成立。

$$R_{\exp}(\alpha) \leqslant R_{\mathrm{emp}}(\alpha) + \sqrt{\frac{h\left(\ln\frac{2l}{h}+1\right) - \ln\left(\frac{\delta}{4}\right)}{l}} \tag{2-10}$$

从式（2-10）可以看出，定义 2.1 给出了期望风险的上界，该界包含两部分：经验风险和置信界限。其中经验风险 $R_{\mathrm{emp}}(\alpha)$ 是由训练集得到的，依赖于在函数集中选择的逼近函数，而置信界限是函数集 VC 维 h 的单调增函数，是由结

构复杂带来的风险的上界。由式（2-10）可知实际风险与学习机器的复杂程度及样本的个数有关，如果训练样本个数一定的情况下，学习机器的 VC 维越大，则置信界限越大，因此可以通过最小化经验风险和函数集的 VC 维来控制实际风险。为了控制 VC 维，首先将函数集合结构化，即生成嵌套函数子集 $S_k = L(x, \alpha)$，$\alpha \in \Lambda_k$，$S_1 \subset S_2 \subset \cdots \subset S_k \subset \cdots S_n$，且每个函数子集拥有一个有限的 VC 维 h_k。

在嵌套函数集 S_k 中，如果能找到一个最优子集 S^*，能使得经验风险与置信风险之和最小，则该风险最小化原则称为结构风险最小化（structural risk mininization，SRM）原则。图 2-1 为结构风险最小化示意图。

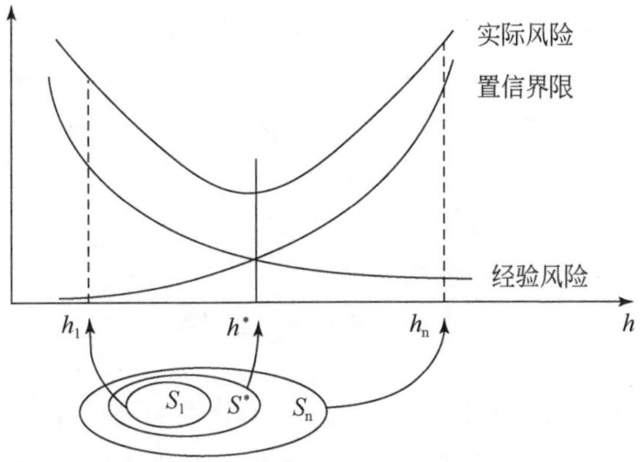

图 2-1　结构风险最小化示意图

2.3.2　支持向量机

支持向量机是由 Vapnik 提出的一种用于处理分类问题和回归问题的有监督的机器学习方法，该方法基于统计学习理论，表现出良好的泛化能力，并且已广泛应用于众多领域，同时支持向量机也在金融时序预测领域表现出突出的性能。支持向量机的本质是求解凸优化问题，因此具有全局最优解，并且使用核函数方法将输入向量映射到一个高维特征空间，通过非线性映射解决非线性分类或回归问题，克服了高维特征空间的计算难题。

（1）支持向量分类机

支持向量分类机的基本思想是通过最大化分类间隔，获得最优分类超平面，如果给定训练集 $\{(x_i, y_i)\}_{i=1}^{l}$，$x_i \in R^n$ 为输入向量，$y_i \in \{-1, 1\}$ 为分类标识，

如果输入向量集为线性可分的，则分类超平面为

$$\omega \cdot x + b = 0 \tag{2-11}$$

式中，ω 表示权重向量；b 表示偏置。令分类间隔最大，可得到最大间隔超平面，即最优超平面（图 2-2）：

$$\begin{cases} \omega \cdot x + b \geqslant 1 & 若\ y_i = 1 \\ \omega \cdot x + b \leqslant 1 & 若\ y_i = -1 \end{cases} \tag{2-12}$$

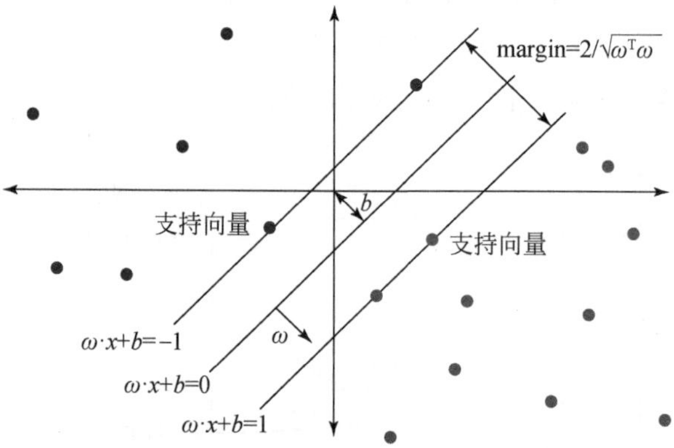

图 2-2　最优分类超平面

在图 2-2 中 $\omega \cdot x + b = 1$ 和 $\omega \cdot x + b = -1$ 分别为两类样本的边界。根据 SRM 原理，要使分类间隔最大就是使得 $\|\omega\|$ 最小，因此最优分类超平面可以通过求解以下优化问题得到：

$$\begin{aligned} & \min \frac{1}{2}\|\omega\|^2 \\ & \text{s.t. } y_i(\omega \cdot x + b) \geqslant 1,\ i = 1,\ 2,\ \cdots,\ l \end{aligned} \tag{2-13}$$

引入拉格朗日（Lagrange）乘子可得到原目标函数的对偶问题：

$$\begin{aligned} & \max W(\alpha) = \sum_{i=1}^{l} \alpha_i - \frac{1}{2}\sum_{i,\ j=1}^{l} \alpha_i \alpha_j y_i y_j (x_i \cdot x_j) \\ & \text{s.t. } \alpha_i \geqslant 0,\ i = 1,\ \cdots,\ l \\ & \sum_{i=1}^{l} y_i \alpha_i = 0 \end{aligned} \tag{2-14}$$

式中，α_i 表示 Lagrange 乘子。求解以上二次规划问题得最优解 $\alpha^* = (\alpha_1^*,\ \cdots,\ \alpha_l^*)^{\mathrm{T}}$，则可得到分类决策函数为

$$f(x) = \text{sgn}\left[\sum_{i \in sv} y_i \alpha_i^* (x_i,\ x) + b_*\right]$$
$$b_* = y_i - \sum_{i=1}^{l} \alpha_i^* y_i (x_i,\ x_j) \tag{2-15}$$

式（2-15）描述的是线性可分的情况，若数据集为线性不可分，支持向量机通过核函数将输入空间映射到高维特征空间转化为线性可分问题，并且内积运算在输入空间完成，不会增加计算难度，非线性支持向量分类机可描述为以下形式：

$$\max W(\alpha) = \sum_{i=1}^{l} \alpha_i - \frac{1}{2} \sum_{i,\ j=1}^{l} \alpha_i \alpha_j y_i y_j K(x_i,\ x_j)$$
$$\text{s. t. } \alpha_i > 0,\ i = 1,\ \cdots,\ l \tag{2-16}$$
$$\sum_{i=1}^{l} y_i \alpha_i = 0$$

核函数的选择是支持向量机的重要问题，目前常用的核函数主要有

线性核函数：

$$K(x_i,\ x) = (x_i \cdot x) \tag{2-17}$$

多项式核函数：

$$K(x_i,\ x) = (x_i \cdot x + 1)^d,\ d\ \text{表示自然数} \tag{2-18}$$

径向基核函数：

$$K(x_i,\ x) = \exp\left(-\frac{1}{\sigma^2} \| x_i - x \|^2\right) \tag{2-19}$$

Sigmoid 核函数：

$$K(x_i,\ x) = \tanh[v(x \cdot x_i) + c] \tag{2-20}$$

（2）支持向量回归机

支持向量回归机[121]是以 ε 为精度寻找最佳的回归线（面）$H = f(x)$，即在特征空间寻找一个超平面 $f(x)$，使得所有样本都落在以该超平面为中心的 ε 带状空间内。因此定义 ε – 不敏感损失函数 $L^{\varepsilon}(x,\ y,\ L) = \ |y - f(x)|_{\varepsilon} = \max(0,\ |y - f(x)| - \varepsilon)$ 但是，实际情况下，所有样本点都回归到 ε 带内，将导致泛化能力降低，因此，学习模型引入参数 C，在逼近精度和函数集容量之间做出某种折中，并引入非负松弛变量 ξ_i 和 ξ_i^*，则得到 ε – SVR：

$$\min\left(-\frac{1}{2} \| \omega \|^2\right) + C \sum_{i=1}^{l} (\xi_i + \xi_i^*)$$
$$\text{s. t. } [<\omega,\ \Phi(x_i)> + b] - y_i \leqslant \varepsilon + \xi_i^* \tag{2-21}$$
$$y_i - [<\omega,\ \Phi(x_i)> + b] \leqslant \varepsilon + \xi_i$$

$$\xi_i \geqslant 0,\ \xi_i^* \geqslant 0,\ i=1,\ \cdots,\ l$$

可将式（2-21）转化为对偶问题，则得到 2 阶的二次规划问题：

$$\max\left[-\frac{1}{2}\sum_{i,\ j=1}^{l}(\alpha_i-\alpha_i^*)(\alpha_j-\alpha_j^*)K(x_ix_j)-\varepsilon\sum_{i=1}^{l}(\alpha_i+\alpha_i^*)+\sum_{i,\ j=1}^{l}y_i(\alpha_i+\alpha_i^*)\right]$$

$$\text{s. t.}\ \sum_{i=1}^{l}(\alpha_i-\alpha_i^*)+0 \tag{2-22}$$

$$\alpha_i,\ \alpha_i^* \in (0,\ C),\ i=1,\ \cdots,\ l$$

通过求解以上的优化问题，可以得到

$$W=\sum_{i=1}^{l}(\alpha_i-\alpha_i^*)\Phi(x_i) \tag{2-23}$$

最优回归函数为

$$f(x)=\sum_{i=1}^{l}(\alpha_i-\alpha_i^*)K(x_i\cdot x)+b \tag{2-24}$$

第 3 章　基于微分信息的 ARMAD-GARCH 股票价格预测模型

ARMA-GARCH 模型进行股票价格收益预测时，只考虑了滞后历史数据所包含的信息，而对于在每个滞后时间点的变化趋势信息却未纳入计算模型进行统一考虑，这在一定程度上影响了模型分析时序数据时的泛化能力。本章将构建一种基于微分信息的 ARMAD-GARCH 模型，在包含传统 ARMA-GARCH 模型对因变量的滞后值及残差滞后值进行线性回归的基础上，在条件均值方程中增加因变量滞后值的近似微分，用以融合股票价格变化趋势信息，提高预测模型在数据除噪、趋势判别及预测精确度等方面的综合能力。

随着经济金融市场的不断发展，影响股票市场交易的因素越来越多，除去市场基本因素以外，国家政治、宏观经济、税收政策、金融状况及投资者非理性心理和行为因素等均对股票价格有着程度大小不一且相互关联的影响，因此造成的高噪声及显著非平稳等特点也使得股票价格时序数据的预测性研究被认为是一项极具挑战性的工作[122,123]。针对股票市场价格行为的特点，研究人员提出了许多不同的分析和预测模型，如 ARMA[124,125]、GARCH[126,127]、马尔可夫模型[128,129]等传统的统计学习方法，还有神经网络[51,59]、支持向量机[65,66]等计算智能方法等。目前，各个国家及地区的基本国情和金融市场的发展状况各不相同，迫切需要广大学者在当前相关研究工作的基础上，努力开展计算实验金融研究，借助智能计算工具，依托既定的金融市场和制度安排，克服传统规范分析研究假设过于严格、相应实证分析难以开展灵敏度测试等方面的弱点，创新性地开展金融时间序列预测体系研究[12,130,113]。自从 Engle 提出自回归条件异方差（ARCH）模型之后，T. Bollerslev 又提出了更为实用的广义自回归条件异方差（GARCH）模型，用于分析时间序列的异方差特性。GARCH 模型不再认为单变量金融时序数据通过线性回归后得到的残差是白噪声，而是具有 ARCH 效应的，应该在 GARCH 模型处理完异方差效应之后才能利用线性回归方程对时序数据进行分析和预测。大量相关研究文献表明，利用 ARMA (p, q)-GARCH(r, s) 模型来研究单变量金融时间序列的收益及波动行为在很多情况下均取得了良好的效果。Nelson[17]使用该模型研究了欧美市场的利率和汇率。Mohammadi 和 Su[22]强调了 MA (1)-GARCH(1, 1) 模型在对于条件均值和波动进行建模及预测时的适应性优点。Liu 和 Shi[23]利用 ARMA-GARCH 及其改进的 ARMA-GARCH-M 模型对电价格序列进行了建模及 1h 单步预测，实验结果证明了该组模型的有效性。吴恒煜等[39]创建立风险中性 Lev-ARMA-GARCH 模型，对香港恒生指数的期权定价进行了实证研究。

ARMA-GARCH 模型结构简单，容易建模，而且模型既表明了异方差性，又指出了未来预测值对历史观测的条件性，而自回归方程则描述了预测值与历史观测值之间存在着密切的联系。然而作为一种数值计算模型，在利用 ARMA-GARCH 模型进行股票价格收益预测时，从模型的构成可以看出，只是将单变量数据序列本身的部分有用数量化信息代入模型进行计算，而那些对股票收益波动率影响很大的潜在的不易测量的信息由于受到模型本身处理方法和处理技术的限制，却并未融合到数量模型之中。即模型中滞后的往期数据及滞后的误差方差数据所包含和反映的信息量显然是不充分的，因此也就在一定程度上影响了模型分析处理时序数据时的泛化能力。按照资本市场动力学分析的基本思想，股票市场价格不只是随时间推移而形成的一个简单随机序列，而是由某个复杂函数描述的系统所生成的函数值序列。这样看来，价格时间序列的波动也就不仅仅是一种随机行为，而是以不定趋势演进的时变行为的一种外在表现，这种变化趋势反映的不仅仅是市场专家或机构的不同观点，同时还包含了许多潜在非量化信息及不易测量信息。则 ARMA-GARCH 模型中的每个滞后项除去其本身的数值信息外，在每个时间点的变化趋势信息就是一系列对于时序分析至关重要却未纳入计算模型的有价值信息。因此，本章在深入研究一维金融时序数据分析预测模型的基础上，科学有效地获取时序数据变化趋势的近似微分信息，通过构建新模型在包含传统 ARMA-GARCH 模型对于滞后因变量及残差进行线性建模分析的基础上，进一步对历史数据变化的趋势信息进行回归处理，改善模型对于市场动向的把握能力。最后通过对上证综指、深证成指、香港恒生指数、日经 225 指数、标准普尔 500 指数收盘价收益率的数值实验表明，将因变量滞后项的微分信息引入 ARMA-GARCH 模型能有效地改善模型对于时序数据变化趋势的判别能力，显著提高对于单变量金融时序数据预测的准确性。

3.1　ARMAD-GARCH 模型

任意给定解析函数f，由幂级数的知识，我们可以将在任意给定点t_0处幂级数展开，即

$$f(t) = \sum_{k=0}^{\infty} f^{(k)}(t_0)(t - t_0)^k \tag{3-1}$$

因此，当t接近t_0时，则有

$$f(t) = \sum_{k=0}^{n} \frac{f^{(k)}(t_0)}{(k+1)!}(t - t_0)^k + o[(t - t_0)^n] \tag{3-2}$$

式中，$o[(t - t_0)^n]$表示高阶无穷小量。显然式（3-2）可以写成如下形式：

$$f(t) = \alpha_0 f(t_0) + \alpha_1 f'(t_0) + \cdots + \alpha_n f^n(t_0) + R_n \tag{3-3}$$

式中，

$$\alpha_k = \frac{(t - t_0)^k}{(k+1)!}, \ k = 0, \ 1, \ \cdots, \ n \tag{3-4}$$

且$R_n = o[(t - t_0)^n]$表示误差项。在式（3-2）和式（3-3）的启发下，假设时间序列X_t的预测模型具有如下形式：

$$X_t = \alpha_0 X_0 + \alpha_1 X_1 + \cdots + \alpha_n X_n + \varepsilon \tag{3-5}$$

式中，α_n表示调节参数；X_n主要由时间序列X_t的k阶微分信息来确定；ε表示误差修正；$k = 0, \ 1, \ \cdots, \ n$。

在式（3-5）的基础上加入常数项c及滞后p步历史数据的k阶微分信息，并将误差项展开表示为滞后q阶残差形式，则式（3-5）可表示成如下形式：

$$\begin{aligned} X_t = c &+ \sum_{j=1}^{p} \alpha_0 \cdot \zeta_j X_{t-j} + \sum_{j=1}^{p} \alpha_1 \cdot \zeta_j X'_{t-j} \\ &+ \cdots + \sum_{j=1}^{p} \alpha_n \cdot \zeta_j X_{t-j}^{(n)} + \sum_{j=1}^{q} \beta_i \varepsilon_{t-i} + \varepsilon_t \end{aligned} \tag{3-6}$$

于是式（3-6）可改写为

$$\begin{aligned} X_t = c &+ \gamma_{10} X_{t-1} + \gamma_{11} X'_{t-1} + \cdots + \gamma_{1n} X^{(n)}{}_{t-1} + \cdots \\ &+ \gamma_{p0} X_{t-p} + \gamma_{p1} X'_{t-p} + \cdots + \gamma_{pn} X^{(n)}{}_{t-p} \\ &+ \beta_1 \varepsilon_{t-1} + \cdots + \beta_q \varepsilon_{t-q} + \varepsilon_t \end{aligned} \tag{3-7}$$

假设收益率序列为r_t，依据式（3-7）提出的预测模型具有如下形式：

$$r_t = c + \tilde{r}_{t-1} + \cdots + \tilde{r}_{t-p} + \beta_{t-1}\varepsilon_{t-1} + \cdots + \beta_{t-q}\varepsilon_{t-q} + \varepsilon_t \tag{3-8}$$

式中，c 表示常数项；$\tilde{r}_{t-j}$，$j=0$，1，…；p 表示收益在 $t-j$ 点的 k 阶幂级数展开；ε_i，$i=0$，1，…；q 表示前 q 步的误差项。因此，上述预测模型进行求解时，关键是求解幂级数展开项 $\tilde{r}_{t-j}$ 中的 k 阶微分信息，定义 3.1 给出了其具体的计算公式。

定义 3.1 设时间间隔为 h 的时间序列数据 $\{r_1, \cdots, r_i, \cdots, r_n\}$ 是由光滑函数 $f(t)$ 生成，则第 i 期 k 阶微分信息为

$$\tilde{r}_i = \sum_{k=0}^{m} \eta_k f^k(t_i) \tag{3-9}$$

式中，$f^k(t_i)$ 表示 i 期收益的 k 阶导数；η_k 表示调整参数；k 表示导数的阶数。显然当 $m=0$ 时，即在式（3-8）中去掉微分项之后，等式即为我们所熟知的 ARMA（p，q）模型。因此，式（3-8）可认为是传统 ARMA 模型增加了滞后因变量微分信息的一般表现形式。

这里利用定义 3.1 中得到的式（3-8）作为 GARCH 模型的条件均值方程，则可以重新构建一种基于微分（differential）的 ARMAD-GARCH 模型，具体描述如下：

定义 3.2 假设 r_t 为收益率时间序列数据，则构成 k 阶微分 ARMAD-GARCH 模型的均值方程和方差方程如下：

$$r_t = c + \sum_{i=1}^{p} \varphi_i r_{t-i} + \sum_{j=1}^{q} \theta_j u_{t-j} + \sum_{i=1}^{p} \sum_{k=1}^{n} \gamma_{ik} r_{t-i}^{(k)} + u_t \tag{3-10}$$

$$\sigma_t^2 = \alpha_0 + \sum_{i=1}^{r} \alpha_i u_{t-i}^2 + \sum_{j=1}^{s} \beta_j \sigma_{t-j}^2 \tag{3-11}$$

式中，p、g、r 和 s 表示滞后阶数；φ_i、θ_j、α_i 及 β_j 表示滞后项相应的参数；在上述模型的条件方差方程（3-11）中 $\sum_{i=1}^{r} \alpha_i u_{t-i}^2$ 表示 ARCH 项，$\sum_{j=1}^{s} \beta_j \sigma_{t-j}^2$ 表示 GARCH 项，并且 $u_t = \sigma_t \varepsilon_t$。在均值方程中 $r_{t-i}^{(k)}$ 表示在 $t-i$ 时刻的 $k(k \geq 1)$ 阶微分信息，表示数据的变化趋势；$\gamma_{(i,k)}$ 表示该项对应的参数。

由定义 3.2 中的方程（3-10）可以看出，ARMAD-GARCH 模型相比于 ARMA-GARCH 模型，包含了收益率序列的微分信息。由于时间序列 r_t 通常带有高频噪声，因此，不能够直接对 r_t 进行微分（或差分）。然而，可以利用控制理论研究领域中的跟踪微分器（tracking differential）来提取 r_t 中的微分信息。在控制论中，微分器已经被广泛应用于噪声污染下的信号微分提取。从微分器本身的结构来讲，常见的微分器有高增益微分器[131-133]、滑模微分器（sliding mode tracking differentiator)[134,135]、非线性微分器[136]等。不同的微分器对噪声的敏感性也不同，需要根据时间序列的数据特点来选择恰当的微分器。在工程控制领域之外，跟踪微分器在经济金融领域也有一些研究。例如，刘凤根等[137,138]在 2006 年和 2007 年把二阶和三阶离散非线性跟踪微分器运用于对上证综指的股价模拟和分析预测问题中，并与传统的平均移动方法进行了比较研究。这一研究说明时间序列的微分信息的确可以用于数据的预测。本章将微分信息和传统的统计模型相结合，实现了优势互补，提高了模型的整体预测精度。

设给定信号 $v(t)$ 满足

$$\sup_{1\leqslant k\leqslant n,\ t\in[0,\ \infty)} \left| v^{(k)}(t) \right| < +\infty \tag{3-12}$$

令

$$A = \begin{pmatrix} 0 & 1 & 0 & \cdots & 0 \\ 0 & 0 & 1 & \cdots & 0 \\ \vdots & \vdots & \vdots & & \vdots \\ 0 & 0 & 0 & \cdots & 1 \\ a_1 & a_2 & a_3 & \cdots & a_n \end{pmatrix} \tag{3-13}$$

式中，a_i，$i=1, 2, \cdots, n$ 表示实数。当矩阵 A 是 Hurwitz 矩阵时，可以设计如下微分器：

$$\begin{cases} \dot{z}_{1R}(t) = z_{2R}(t),\ z_{1R}(0) = z_{10} \\ \dot{z}_{2R}(t) = z_{3R}(t),\ z_{2R}(0) = z_{20} \\ \quad\vdots \\ \dot{z}_{(n-1)R}(t) = z_{nR}(t),\ z_{(n-1)R}(0) = z_{(n-1)0} \\ \dot{z}_{nR}(t) = R^2\left\{a_1[z_{1R}(t) - v(t)] + \dfrac{a_2 z_{2R}(t)}{R} + \cdots + \dfrac{a_n z_{nR}(t)}{R^{n-1}}\right\} \end{cases} \tag{3-14}$$

式中，$(z_{10}, z_{20}, \cdots, z_{(n-1)0})$ 表示任意给定的初值；R 表示调节参数。由微分器的性质[136]可知，对任意的常数 $a>0$，我们有

$$\lim_{R\to\infty} z_{Rk}(t) = v^{(k-1)}(t)\ \text{在}\ [a,\ \infty)\ \text{上一致收敛} \tag{3-15}$$

所以，当 R 足够大时，有 $z_{Rk}(t) \approx v^{(k-1)}(t)$。由于式（3-14）对高频噪声具有鲁棒性，因此在输入信号带有高频噪声时，仍然可以通过调整 R 的取值来得到 $z_{Rk}(t) \approx v^{(k-1)}(t)$。综上可知，可以将式（3-14）离散化，再将时间序列 r_t 输入微分器，从而得到时间序列 r_t 的微分信息。

3.2 实证研究

按 3.1 节所述在基于微分信号的 ARMAD 模型的构建过程中，除和 ARMA 模型中一样对于因变量的滞后值及残差的现值和滞后值进行线性回归外，ARMAD 模型还进一步对于因变量滞后值的微分信号进行了建模，充分利用了价格时序数据的变化趋势信息，以期更加准确地刻画复杂的市场行为。接下来，本节将以不同证券市场产生的真实股票价格时序数据为实验对象，以实证研究的方式证明本章所提出模型的合理性，以及跟踪微分器在处理具有高频噪声干扰的价格时序数据时近似求解离散微分信号的实际应用效果。

3.2.1 数据来源及预处理

本节使用上证综指、深证成指、香港恒生指数、日经 225 指数和标准普尔 500 指数数据，以 2010 年 1 月 4 日至 2014 年 12 月 31 日的日收盘价格收益数据为研究对象，对基准模型和新模型展开实证研究，检验模型的预测能力。其中数据集的前 90% 作为训练数据，用来对模型进行训练并进行相关参数估计，数据集剩余的 10% 作为测试集，用于样本外测试，检验不同预测模型的泛化能力，全部仿真实验采用的股指数据均来自 Datastream 金融数据库。本节模型构建及代码实现由 MATLAB 2014b 及 EVIEWS 8.0 完成。由于 ARMAD-GARCH 模型可以被认为是 ARMA-GARCH 模型的一般表示形式，因此选择 ARMA-GARCH 模型作为基准模型。设每日收盘价为 C_i ，则收益率为 $r_i = (C_i - C_{i-1})/C_{i-1}$ ，在研究过程使用收益数据为建模对象。

3.2.2 模型参数选择

表 3-1 分别给出了上证综指、深证成指、香港恒生指数、日经 225 指数和标准普尔 500 指数收益序列的统计量信息，由统计结果可以看出用于实证研究的所有收益率数据的时间序列峰度值均大于正态分布的峰度值 3，表明序列具有尖峰的特点，并且偏度值均小于 0；Jarque-Bera 统计量检验也说明收益率服从正态分布的概率几乎为 0，收益率显著异于正态分布，因此该时间序列不服从正态分

布，并且具有“尖峰厚尾”的特性，说明这些市场中的波动会在某一时间段内出现“波动率聚集”现象。

表 3-1　收益序列 r_i 统计特征

统计量	上证综指	深证成指	香港恒生指数	日经 225 指数	标准普尔 500 指数
N	1 090	1 090	1 109	1 103	1 131
均值	-0. 000 455	-0. 000 455	0. 000 139	0. 000 428	0. 000 545
中位数	-2. 05e-05	-0. 000 703	0. 000 295	0. 000 586	0. 000 750
最大值	0. 043 245	0. 050 771	0. 056 738	0. 056 776	0. 047 407
最小值	-0. 052 993	-0. 070 033	-0. 056 605	-0. 105 539	-0. 066 634
标准差	0. 011 797	0. 014 686	0. 011 902	0. 013 975	0. 010 315
偏度	-0. 21 4351	-0. 158 009	-0. 196 302	-0. 671 421	-0. 393 033
峰度	4. 794 130	4. 662 018	5. 226 524	7. 289 172	7. 403 306
Jarque-Bera 统计量	154. 538 8	129. 990 3	236. 196 1	928. 368 4	942. 829 8
概率	0. 000 000	0. 000 000	0. 000 000	0. 000 000	0. 000 000

为检验收益序列的平稳性，对其使用 ADF 单位根检验，表 3-2 给出了检验结果。在 1% 显著水平下，收益率的 ADF 统计量分别为-32. 919 13、-32. 550 49、-32. 772 47、-34. 352 47 和-35. 858 97 均远小于临界值，概率几乎为 0，说明收益率序列有一个单位根的概率几乎为 0，则可以认为本节所选取的股票价格时间序列为弱平稳过程。

表 3-2　收益率序列的 ADF 检验结果

变量	t 统计量	显著性水平（临界值）
上证综指 r_i	-32. 919 13	-2. 567 087（1%）
		-1. 941 114（5%）
		-1. 616 504（10%）
深证成指 r_i	-32. 550 49	-2. 567 087（1%）
		-1. 941 114（5%）
		-1. 616 504（10%）
香港恒生指数 r_i	-32. 772 47	-3. 436 035（1%）
		-2. 863 939（5%）
		-2. 568 098（10%）
日经 225 指数 r_i	-34. 352 47	-2. 567 062（1%）
		-1. 941 111（5%）
		-1. 616 506（10%）

续表

变量	t 统计量	显著性水平（临界值）
标准普尔 500 指数 r_i	-35.858 97	-2.567 010（1%）
		-1.941 104（5%）
		-1.616 511（10%）

ARIMA 模型根据时序数据是否平稳及回归对象的不同，通常包括自回归过程（autoregressive model，AR）、移动平均过程（moving average，MA）、自回归移动平均过程（ARMA）及 ARIMA 过程。在 ARIMA 建模过程中，主要采用自相关函数（autocorrelation function，ACF）和偏自相关函数（partial autocorrelation function，PACF）图（也就是 ACF 和 PACF 相对于滞后长度的描述图）来决定 p、q 可能的取值，而实际应用中，利用自相关函数很难确定模型的最佳阶数，一般较为通用的方法是采用最小信息准则确定出最佳的模型阶数。AIC 函数定义为

$$\mathrm{AIC} = n\ln(\sigma_{\varepsilon}^{2}) + 2(p + q + 1) \tag{3-16}$$

根据最小信息准则，上证综指、深证成指、香港恒生指数、日经 225 指数数据选择 $p=2$、$q=2$，而标准普尔 500 指数数据在参数 $p=1$、$q=1$ 时 AIC 值最小。然后对收益率残差序列进行了滞后 5 期的 ARCH-LM 检验。

表 3-3 分别给出 ARMA（p，q）和 ARMAD（p，q）收益残差序的 ARCH-LM 检验结果，由表可看出检验统计量 $\mathrm{LM}=TR^2$ 和 F 对应的概率趋近于 0，表明拒绝残差序列不存在异方差性的原假设，即 5 个综合股指收益率序列在经过不同的线性回归后，所剩余的残差项序列中 ARCH 效应显著，均存在明显的异方差效应。因此，综合上述收益率样本序列的 ARCH 效应分析检验，我们有充分的依据使用 GARCH 族模型来描述收益率的波动性。只有在利用 GARCH 模型对残差序列的异方差效应去除之后，才能对回归模型的各项参数进行重新匹配和设定，以保证模型的有效性。

表 3-3　ARCH-LM 检验

变量	t 统计量	ARMA 模型		ARMAD 模型	
		显著性水平（临界值）	Pro. b	显著性水平（临界值）	Pro. b
上证综指	F-statistic	2.240 375	0.008 6	2.465 423	0.016 4
	Obs * R^2	26.542 01	0.009 0	17.111 41	0.016 7
深证成指	F-statistic	2.621 010	0.001 9	2.808 005	0.006 7
	Obs * R^2	30.921 84	0.002 0	19.446 35	0.006 9

续表

变量	t 统计量	ARMA 模型		ARMAD 模型	
		显著性水平（临界值）	Pro. b	显著性水平（临界值）	Pro. b
香港恒生指数	F-statistic	21.040 09	0.000 0	17.400 66	0.000 0
	Obs * R^2	59.911 92	0.000 0	95.918 20	0.000 0
日经 225 指数	F-statistic	35.278 19	0.000 0	13.619 77	0.000 0
	Obs * R^2	96.852 00	0.000 0	122.177 2	0.000 0
标准普尔 500 指数	F-statistic	75.195 60	0.000 0	27.781 90	0.000 0
	Obs * R^2	188.520 5	0.000 0	224.367 6	0.000 0

经检验，5 个不同市场的综合股指收益率序列具有异方差特性，因此在构建 ARMA 模型的基础上，需要加入 GARCH 模型对收益率序列的残差平方进行分析和处理，并分别用于估计 5 个不同时间序列数据集的 ARMA-GARCH 模型参数，得到表 3-4 中 ARMA-GARCH 模型对应参数。使用式（3-14）计算得到微分信息的近似结果，并估计基于微分信息的 ARMAD-GARCH 模型中包括 $\gamma_{1,1}$ 和 $\gamma_{2,1}$ 的所有参数，得到表 3-4 中所列出的针对不同股指时间序列的 ARMAD-GARCH 模型对应参数。将以上得到的考虑了时间序列数据异方差特性的参数结果代入 ARMA-GARCH 方程和 ARMAD-GARCH 方程，可分别得到对应的融合时序数据微分信息前后的均值方程和方差方程。方便讨论起见，本节以香港恒生指数为例将上述得到的参数估计结果代入不同的预测模型，分别得到对于香港恒生指数收益率序列数据的 ARMA-GARCH 模型和 ARMAD-GARCH 模型的条件均值方程及条件方差方程，具体情况见式（3-17）~式(3-20)。

表 3-4　模型参数估计结果

数据集	模型	c	AR（1）	AR（2）	MA（1）	MA（2）
上证综指	ARMA-GARCH	−3.2154E−04	−0.3409	−0.4115	0.3526	−0.4419
	ARMAD-GARCH	−1.0913E−4	−0.0057	0.7253	0.0260	−0.7650
深证成指	ARMA-GARCH	−0.0025	−1.6821	−0.7513	1.6968	0.7487
	ARMAD-GARCH	−0.0035	−1.7124	−0.8720	1.8920	1.000
香港恒生指数	ARMA-GARCH	2.7847E−04	−0.2730	0.4832	0.3181	−0.5173
	ARMAD-GARCH	0.0014	−0.5609	−0.1679	1.8215	0.9067
日经 225 指数	ARMA-GARCH	0.0018	−0.5255	−0.9716	0.5154	0.9925
	ARMAD-GARCH	0.0034	−1.3798	−0.9318	1.4365	1.0000

续表

数据集	模型	c	AR（1）	AR（2）	MA（1）	MA（2）
标准普尔 500 指数	ARMA-GARCH	2.5053E-05	0.9638	NA	-0.9931	NA
	ARMAD-GARCH	0.0017	-0.9603	NA	1.0000	NA
数据集	模型	K	ARCH（1）	GARCH（1）	$\gamma_{1,1}$	$\gamma_{2,1}$
上证综指	ARMA-GARCH	8.0460E-7	0.0148	0.9789	NA	NA
	ARMAD-GARCH	2.3485E-6	0.0179	0.9648	-6.5056E-10	1.0619E-10
深证成指	ARMA-GARCH	4.2542E-6	0.0235	0.9563	NA	NA
	ARMAD-GARCH	2.7526E-6	0.0255	0.9559	10	0.1963
香港恒生指数	ARMA-GARCH	2.3855E-6	0.0484	0.9326	NA	NA
	ARMAD-GARCH	1.9429E-6	0.1923	0.8077	0.7913	0.3696
日经 225 指数	ARMA-GARCH	8.1717E-6	0.1046	0.8547	NA	NA
	ARMAD-GARCH	6.6287E-6	0.1092	0.8494	10	3.6676
标准普尔 500 指数	ARMA-GARCH	3.0670E-6	0.1292	0.8408	NA	NA
	ARMAD-GARCH	2.8274E-6	0.1303	0.8354	0.8985	NA

注：NA 表示空值。

香港恒生指数 ARMA（2，2）-GARCH(1，1）模型的条件均值方程为

$$y_t = 2.7847 \times 10^{-4} - 0.2730 y_{t-1} + 0.4832 y_{t-2} + 0.3181 u_{t-1} - 0.5173 u_{t-2} \tag{3-17}$$

条件方差方程为

$$\sigma_t^2 = 2.3855 \times 10^{-6} + 0.0484 u_{t-1}^2 + 0.9326 \sigma_{t-1}^2 \tag{3-18}$$

香港恒生指数 ARMAD（2，2）-GARCH(1，1）模型的条件均值方程为

$$y_t = 0.0014 - 0.5609 y_{t-1} - 0.1679 y_{t-2} + 1.8215 u_{t-1} + 0.9067 u_{t-2} + 0.7913 \dot{f}_{t-1} + 0.3696 \dot{f}_{t-2} \tag{3-19}$$

条件方差方程为

$$\sigma_t^2 = 1.9429 \times 10^{-6} + 0.1923 u_{t-1}^2 + 0.8077 \sigma_{t-1}^2 \tag{3-20}$$

表 3-4 中给出的参数在 95% 置信水平下都是显著的，由表中数据可以看出 ARCH（1）项和 GARCH（1）项的系数均为正值，每对 ARCH（1)+GARCH(1) <1，且非常接近 1，符合对参数的约束条件，可以认为股指的收益率波动序列具有有限的方差，而且股指收益率波动对较大的外部冲击在短期内很难消除，冲击效应的影响有一定的持续性，表明过去的波动对未来的波动有正向长期的影响。至此针对不同时间序列测试数据集的 ARMA-GARCH 方程和 ARMAD-GARCH 方

程均已经建立完毕，但必须要再次检验建模后的残差序列中是否已经消除了自回归条件异方差。经检验若残差项中并无异方差存在，才能说明方程的构建结果是合理的，否则就需要重新建立模型。于是，本节又分别对得到的估计方程作了 1 阶滞后、10 阶滞后和 20 阶滞后的残差估计，针对估计结果的统计量 F-statistic 和 Obs $^*R^2$ 均不显著，表明检验结果接受不存在异方差的原假设，可以认为此时的模型中已经不再有自回归条件异方差了，即模型的设立是完全合理的。

3.2.3　实验结果分析

在模型构造完成之后，本节以上证综指、深证成指、香港恒生指数、日经 225 指数和标准普尔 500 指数为实证研究对象，选取了各个不同股指时间序列的后 10% 的数据，计算日收盘价的收益率作为模型泛化能力的测试数据集，针对 ARMA-GARCH 模型和 ARMAD-GARCH 模型中得到的均值方程和方差方程，分别对测试样本进行相应的动态预测。图 3-1 ~ 图 3-5 分别显示了两个模型对于 5 个综合市场股指收益的预测结果，从一系列时序图中可以看出，两个模型的预测结果均较好地拟合了收益序列的真实值，但也可以清晰地观察到 ARMAD-GARCH 模型对于收益率预测的结果较 ARMA-GARCH 模型更加接近真实的收益率值。尤其是在数据变化趋势判别方面，ARMAD-GARCH 模型在处理不同的时序数据时均体现出了更加准确的性能。另外图中还列出了 ARMA-GARCH 模型和 ARMAD-GARCH 模型处理不同收益率时间序列结果的箱形图。箱形图提供了上边缘、上四分位数、中位数、下四分位数和下边缘等有关数据位置和分散情况的关键信息，从图中可以看出 ARMAD-GARCH 模型的收益率预测结果的数据形状比 ARMA-GARCH 日模型得到的预测结果数据形状更加贴近于真实收益率序列数值

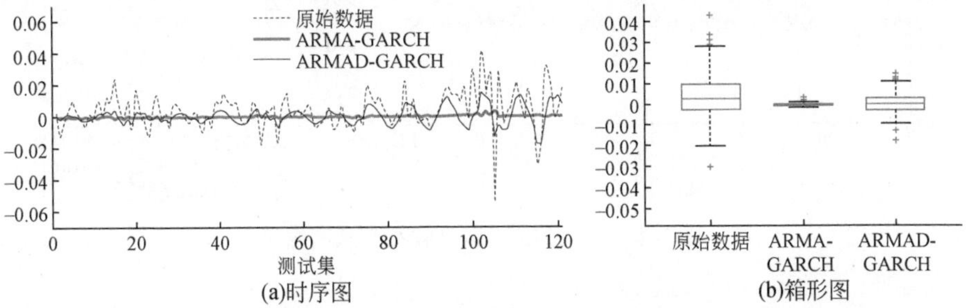

图 3-1　上证综指日收益率预测结果

的分布特性，再次从结果的数据形态及数据异常值分布等方面说明了 ARMAD-GARCH 模型具有更强的数据分析和预测能力。

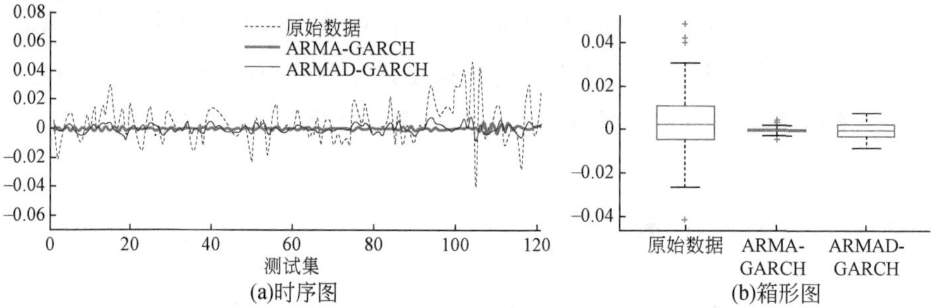

图 3-2　深证成指日收益率预测结果

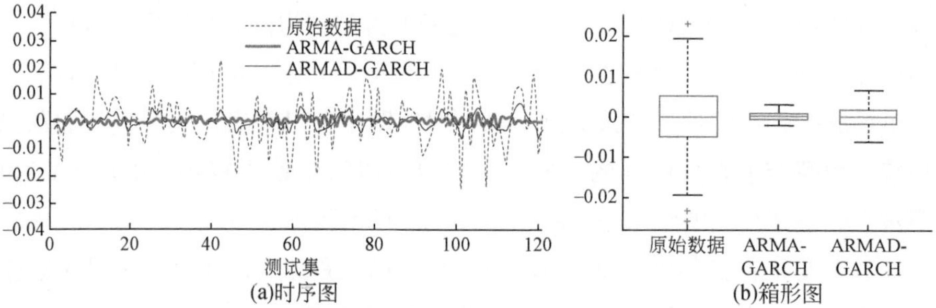

图 3-3　香港恒生指数日收益率预测结果

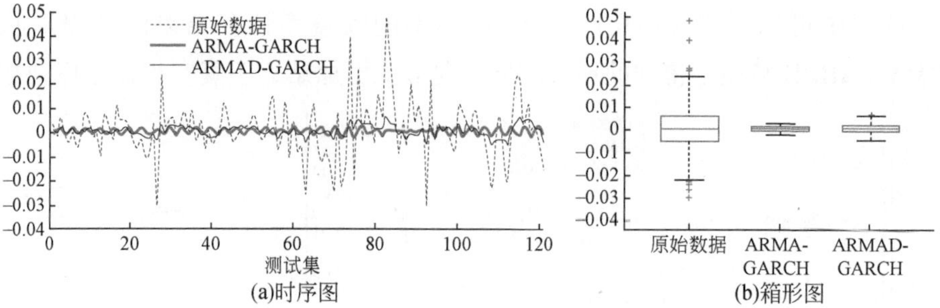

图 3-4　日经 225 指数日收益率预测结果

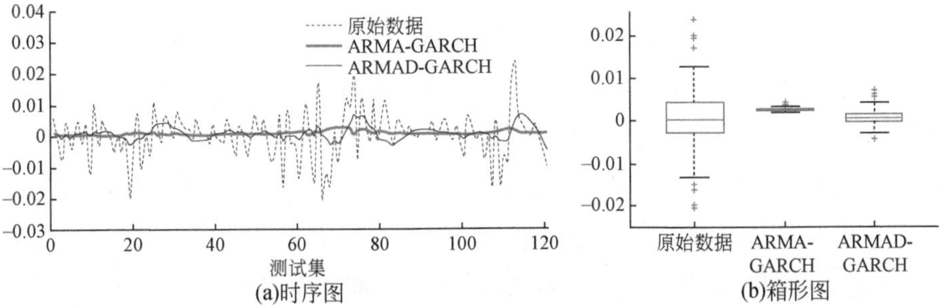

图3-5 标准普尔500指数日收益率预测结果

另外，本节还利用了一系列评价标准来衡量不同模型对于时序数据预测精度的提升和改进程度。根据Hansen和Lunde[21]的建议，考虑到评价的全面性和客观性，本节选取了预测水平评价指标（evaluation criterion of level prediction），包括平均绝对误差（mean absolute error，MAE）、均方根误差（root mean square error，RMSE）、平均绝对百分误差（mean absolute percent error，MAPE）；预测方向评价指标（evaluation criterion of directional prediction），包括方向准确率（direction accuracy，DA），两个方面的4个标准对不同模型的泛化能力进行了全方位的衡量和比较。评价标准具体定义如下：

$$\mathrm{MAE}=\frac{1}{l}\sum_{i=1}^{l}|a_i-y_i| \tag{3-21}$$

$$\mathrm{RMSE}=\sqrt{\frac{1}{l}\sum_{i=1}^{l}(a_i-y_i)^2} \tag{3-22}$$

$$\mathrm{MAPE}=\frac{100}{l}\sum_{i=1}^{l}\left|\frac{a_i-y_i}{y_i}\right| \tag{3-23}$$

$$\mathrm{DA}=\frac{1}{l}\sum_{i=1}^{l}\omega_i \tag{3-24}$$

式中，若（$y_{i+1}-y_i$）（$a_{i+1}-y_i$）>0，则$w_i=1$，否则$w_i=0$；a_i和y_i分别表示预测值和真实值。通常情况下，评价指标MAE、RMSE及MAPE的值越小表明模型的预测值与真实值更加接近，也就说明模型预测能力更强。而DA反映了模型对于变化方向的预测能力，DA的值越大，则表明模型对于方向的预测越准确。

表3-5中列出了ARMA-GARCH模型和ARMAD-GARCH模型在5种不同市场综合指数测试数据集上预测的比较结果。从表3-5中各种评价指标的数据可以直观地看出，ARMAD-GARCH模型均表现出了更加优异的性能。以香港恒生指数

为例，MAE 值从 ARMA-GARCH 模型预测结果的 167.578 34 降为 ARMAD-GARCH 模型的 132.687 20，降低比例达到了 20.82%，其他评价指标 RMSE、MAPE 也分别有显著的改善，说明新构建的 ARMAD-GARCH 模型对于基准模型预测性能的提高表现得十分突出。另外，由于 ARMAD-GARCH 模型在均值方程中融合了滞后变量的变化趋势信息，更加全面地表达了影响股票价格时序数据收益和波动的复杂性综合因素，ARMAD-GARCH 模型在方向性评价指标 DA 方面在不同的测试数据集上均体现了一致趋优的良好性能，方向判别准确性提高比例除标准普尔 500 指数提高在 20% 以下外，其余数据的提高比例均在 20% 以上，香港恒生指数测试集的 DA 的提高比例超过了 70%。结果再次说明通过式（3-14）近似获取滞后变量的离散微分对高频噪声具有高性能抗干扰能力，能够科学准确地表达历史数据的趋势变动信息，能更准确地把握股票市场价格行为的变化规律，很大程度上弥补了传统 ARMA-GARCH 模型融合单变量股票价格时序数据信息不够全面的缺陷，提高了模型预测的准确性和鲁棒性。

表 3-5 评价指标结果

数据集	模型	MAE	RMSE	MAPE	DA
上证综指	ARMA (2, 2)-GARCH (1, 1)	22.998 03	35.525 14	0.894 49	0.583 33
	ARMAD (2, 2)-GARCH (1, 1)	19.028 46	28.354 62	0.742 50	0.725 00
深证成指	ARMA (2, 2)-GARCH (1, 1)	91.274 25	131.748 11	1.039 19	0.483 33
	ARMAD (2, 2)-GARCH (1, 1)	76.913 01	111.617 00	0.875 49	0.741 66
香港恒生指数	ARMA (2, 2)-GARCH (1, 1)	167.578 34	218.113 57	0.704 55	0.418 03
	ARMAD (2, 2)-GARCH (1, 1)	132.687 20	175.647 49	0.556 77	0.737 70
日经 225 指数	ARMA (2, 2)-GARCH (1, 1)	136.421 07	190.769 75	0.847 87	0.573 77
	ARMAD (2, 2)-GARCH (1, 1)	120.610 46	166.964 34	0.750 22	0.754 10
标准普尔 500 指数	ARMA (1, 1)-GARCH (1, 1)	10.930 93	5.023 53	0.552 95	0.552 00
	ARMAD (1, 1)-GARCH (1, 1)	9.891 37	13.370 78	0.499 61	0.648 00

3.3 本章小结

市场的当前收益率与过去信息之间的关系密切，且呈现出复杂的非线性的关系。从本章模型建立过程中对于时序数据分析的结果看出，在不同市场的股票价格时间序列中均存在着一定的 ARCH 效应，即股票价格的时间序列存在一定的厚尾现象和波动聚集现象，这都无形中增大了市场的风险。因此为了有效发挥股票市场对于社会资源配置的积极作用，针对具有高度动态复杂性的股票价格时间序列数据，科学地分析并处理其影响因素，以期进行较为准确的预测，有效规避投资风险，就成为所有市场参与者及相关研究人员最为关注的热点问题。

由于股票市场具有极不平稳的动态变化过程，因此通过构建模型对未来股票价格进行预测时，不能只关注单变量时序数据本身及其滞后数据所包含的有限信息，而是要赋予市场主体一些特定的行为模式及学习机制，并强调市场参与对象之间的微观交互，充分挖掘市场主体中潜在的或不易测量的有价值信息，进而揭示宏观市场的运行规律。基于此，本章提出了一种基于微分信号的 ARMAD-GARCH 预测模型，在给出模型的均值方程中除了对因变量的滞后值及残差滞后值进行线性回归以外，还借助跟踪微分器巧妙地对每个滞后因变量的变化趋势进行了微分提取和线性建模。ARMAD-GARCH 模型针对单变量的股票价格时间序列数据，充分考虑影响其收益波动的综合因素，改进了仿真模型的设计使之更贴近真实的市场环境，而且具有模型构造简单、运算复杂度不高等优点。从对于上证综指、深证成指、日经 225 指数、标准普尔 500 指数收盘价收益率的数值仿真实验表明，基于微分的 ARMAD-GARCH 模型由于融合了历史数据的重要微分信息，在分析处理股票市场价格收益率时序数据时，在数据除噪、趋势判别及预测精确度等方面均优于一般的 ARMA-GARCH 模型。该方法丰富了计算实验金融研究领域中对于金融时间序列预测的方法和手段，对于逐步建立完善的风险预警系统和有效的风险控制体系有一定的借鉴意义。

第4章 基于梯度因子的 G-ARMA-GARCH 股票价格预测模型

股票价格时间序列变化的不确定性是股票市场具有复杂运动规律的综合外在表现形式，通过科学建模对其展开预测性研究已经成为金融研究领域的一大热点。作为一种经典的金融时序回归方法，ARMA-GARCH 模型在处理股指数据时并未融合股票价格行为背后所蕴含的经验知识，在一定程度上影响了预测模型泛化能力的进一步提高。本章研究将把时序历史数据变化趋势的微分信号和股票市场的隔夜跳空开盘信息综合提取为一个梯度因子并引入到传统 ARMA-GARCH 模型中，构建基于梯度因子的 G-ARMA-GARCH 模型。增强模型对于金融时序数据客观规律信息学习的同时，改善模型的泛化能力，提高模型的预测精度。

随着我国资本市场的日臻完善，对于股票价格时序数据预测研究的必要性已经成为所有市场参与者及相关研究人员的共识。股票价格的波动受到诸多综合因素的影响，所呈现出的动态、非线性等特点给相关分析研究带来了一定的困难，因此从减少投资风险或扩大投资收益的角度出发，建立有效的股票价格预测模型，准确刻画收益率波动及风险具有重要的理论价值和现实意义[139,140]。股票价格波动预测是金融时间序列预测的一个重要方面，往往通过分析大量的历史数据以期获得更好的预测精度，辅助投资者更加理性地了解股票价格走势，为相关利益人员及金融市场风险控制管理者提供科学有效的决策支持信息。目前对于股票价格的预测，国内外学者提出了多种预测方法，大致可分为两类，一类为基于统计理论的方法，如差分自回归移动平均模型、回归分析法、广义自回归条件异方差模型、灰色预测法、马尔可夫链等；另一类为机器学习方法，如人工神经网络模型、支持向量机模型等。面对单变量金融时间序列，使用 Bollerslev 提出的广义自回归条件异方差预测模型可以很好地刻画时间序列表现出的波动聚集、条件异方差和长记忆性等特征[39]。当前用于分析单变量金融时序数据收益率的条件期望和异方差效应的模型中，最有代表性的经典模型就是 ARMA (p, q)-GARCH (r, s) 模型。具体形式如下：

$$y_t = c + \sum_{i=1}^{p} \varphi_i y_{t-i} + \sum_{j=1}^{q} \theta_j u_{t-j} + u_t \tag{4-1}$$

$$\sigma_t^2 = \alpha_0 + \sum_{i=1}^{r} \alpha_i u_{t-i}^2 + \sum_{j=1}^{s} \beta_j \sigma_{t-j}^2 \tag{4-2}$$

式中，p、q、r、s 表示滞后阶数；φ_i、θ_j、α_i、β_j 表示相应的参数；$\sum_{i=1}^{r} \alpha_i u_{t-i}^2$ 表示方差方程的 ARCH 项；$\sum_{j=1}^{s} \beta_j \sigma_{t-j}^2$ 表示模型中方差方程的 GARCH 项，并且满足约束条件 $u_t = \sigma_t \varepsilon_t$。从方程组中不难看出，$s > 0$ 时方程为具有长期记忆过程的 GARCH（r，s）模型，它在估计当前方差时使用了所有的过去残差平方。可以看出，GARCH 是一种通过时间序列往期变化和过去方差来分析预测未来变化的建模方法，而且实践证明 GARCH 模型可有效地排除资产收益率中的过度峰值。Chang 等[141]将 ARMA-GARCH 模型应用于原油市场分析。Hlouskova 等[142]将 ARMA-GARCH 模型应用于投资组合研究表现优于传统方法。国内学者杨娴等[143]分析了国际有色金属期货市场风险。何晓光和黄德权[144]建立了基于 ARMA-GARCH 模型族的相对 VaR 模型，对上海拆借市场的利率风险展开相应研究。李丹等[145]将 ARMA-GARCH 模型应用于股指期货收益率分析。于志军和杨善林[140]通过误差预测值对股价初步预测值进行校正，提出了一种基于误差校正的 ARMA-GARCH 模型，并成功应用于股票价格预测。ARMA-GARCH 模型既表明了随机误差具有时变性（异方差性），又指出了未来预测值对历史观测值的依赖性（条件性），而自回归模型则描述了预测值与往期观测值之间存在着的具体联系，然而在进行股票价格收益预测时，却并未融合价格时序变化的往期趋势信息及当期价格跳空开盘信息，这在一定程度上影响了 ARMA-GARCH 预测模型泛化能力的进一步提高。罗伯特 · D. 爱德华兹等指出，价格总是在以一定的趋势演进，并且这种趋势在新的信息发生以前将一直延续下去，然后再由市场本身通过价格体现出来[108]。而且，随着经验知识和分析工具的不断积累和进化，对于价格序列趋势变化信息运用的重要性定会超过任何消息灵通人士及最聪明的统计专家的意见和建议。另外，以集合竞价方式按照成交量最大化原则所确定的开盘价不仅仅是市场专家或机构的不同观点，同时还包含了许多当期市场潜在非量化信息。因此，无论是价格时序的演进趋势变化信息，还是股票市场往期收盘与当期开盘间的隔夜跳空行为所代表的市场综合信息，都是影响价格时序未来收益或波动的重要内在因素。因此本章提出一种基于梯度信息的 G-ARMA-GARCH 模型，在原模型的基础上加入指数核微分及隔夜价格跳空开盘信息表示的梯度因子，以更加准确地刻画数据序列时变的波动率和条件期望，提高模型的实际应用效果。通过对上证综指、深证成指、香港恒生指数、标准普尔 500 指数收盘价收益率的仿真实验证明，将梯度因子引入 ARMA-GARCH 模型能有效地提高模型对于单变量金融时序数据的预测精度。

4.1 G-ARMA-GARCH 模型

在 ARMA-GARCH 模型中，使用往期数据建立模型，用以分析、检验时间序列数据的滞后效应和异方差效应[75]。为了使预测模型能够更加准确地刻画时变的波动率和条件期望，本节将往期数据的趋势信息和前一期收盘价格与当期开盘价格之间的隔夜价格跳空信息综合为梯度因子引入 ARMA-GARCH 模型。梯度因子定义如下：

定义 4.1 设时间序列数据 $\{r_1, r_2, \cdots, r_i, \cdots, r_n\}$ 是由光滑函数 $f(t)$ 以时间间隔 h 生成，则第 i 期的梯度因子为

$$\tau_i = \{\dot{f}(t_{i-1}), (C_{i-1} - O_i)/C_{i-1}\} \tag{4-3}$$

式中，$\dot{f}(t_{i-1})$ 表示 $i-1$ 期收益的导数；C_{i-1} 表示 $i-1$ 期收盘价格；O_i 表示 i 期开盘价格；$(C_{i-1} - O_i)/C_{i-1}$ 表示 $i-1$ 期收盘价格与 i 期开盘价格之间的跳空信息。

在定义 4.1 中使用到了收益序列的导数和隔夜跳空信息表示梯度信息，隔夜跳空信息的计算非常便捷，如何获得收益序列的一阶导数是表示梯度因子的关键。由于直接计算或者通过差分方式计算导数时，数据信息中的高频随机干扰噪声将起到主导作用，传统计算导数方法对于噪声过分敏感，数据的导数信息将湮没于噪声中，因此，无法通过差分方式获得导数。如何获得导数成为计算趋势因子需解决的关键问题。在实际应用中，通常股票价格波动数据为等步长采样时间序列，经计算后得到的带有噪声干扰的时间序列数据，在控制理论中，微分跟踪器可以做到在带有干扰的前提下提取信号的导数，得到的股票价格波动数据可认为是微分跟踪器的输入信号，在微分跟踪器的输出信号中包含了输入信号的各阶导数信息，本节采用 Feng 和 Li[146] 于 2014 年提出的一种加权移动平均观测器（weighed moving average state observer）获得导数信息，该观测器使用指数加权移动平均核函数，该核函数在计算输出信号时，往期数据的权值以指数形式减小，时间越靠近当今时刻，它的权重越大，反之权重越小，这一技术使人们在计算趋

势因子时可以对历史数据赋予不同权值，使得利用时间序列数据的趋势信息来对时间序列进行预测成为可能。加权移动平均观测器[146]表示如下。

设函数 $v \in C^i(R^+)$ 满足 $\| v^{(i)} \|_\infty < \infty i$ 是任意的正整数。则对任意 $\forall t \in [1/\lambda, \infty)$，$\lambda > 0$，我们有

$$\lim_{\lambda \to \infty} \left| \frac{\mathrm{d}^{i-1}}{\mathrm{d}t^{i-1}} \{ \lambda J(\lambda t) \} \cdot v(t) - v^{(i-1)}(t) \right| = 0 \tag{4-4}$$

式（4-4）表明，当 λ 充分大时，$\frac{\mathrm{d}^{i-1}}{\mathrm{d}t^{i-1}} \{ \lambda J(\lambda t) \} \cdot v(t)$ 可以看作 $v^{(i-1)}(t)$ 的近似。因此我们可以在不求导数或差分的前提下得到 v 的导数信息的近似。大量实验证明该微分器对高频噪声是不敏感的。当 v 带有一定的高频噪声时，我们仍然可以利用式（4-4）来得到 v 的导数信息。式中，J 表示移动加权平均微分器核函数，满足如下性质：

$$\begin{cases} J \in C^\infty(R, R) \\ \int_0^\infty J(t)\,\mathrm{d}t = 1 \\ \mathrm{supp} J^{(i)} \subset (0, 1),\ i = 0, 1, 2 \cdots \end{cases} \tag{4-5}$$

显然，以下指数核函数满足条件式（4-5）：

$$J(t) = \begin{cases} C_0 \exp\left[\frac{1}{t(t-1)}\right],\ t \in (0, 1) \\ 0,\ 其他 \end{cases} \tag{4-6}$$

式中，C_0 表示一个正常数，则满足：

$$\int_0^\infty J(t)\,\mathrm{d}t = 1 \tag{4-7}$$

式中，$\| f \|_\infty$ 表示 $\sup\{ |f(t)| \mid t \in [0, \infty) \}$；$f^{(i)}$ 表示函数 f 的 i 阶导数。卷积定义如下：

$$f_1 * f_2(t) :\ = \int_0^t f_1(s) f_2(t - s)\,\mathrm{d}s \tag{4-8}$$

由式（4-8）直接计算可得，对任意的 $t > 1/\lambda$，满足：

$$\frac{\mathrm{d}^{i-1}}{\mathrm{d}t^{i-1}} \{ \lambda J(\lambda t) \} \cdot v(t) = \int_0^{1/\lambda} \lambda J(\lambda s) v^{(i-1)}(t - s)\,\mathrm{d}s \tag{4-9}$$

由式（4-7）知：

$$\int_0^t \lambda J(\lambda s)\,\mathrm{d}s = \int_0^{1/\lambda} \lambda J(\lambda s)\,\mathrm{d}s = 1,\ \forall t > 1/\lambda \tag{4-10}$$

式（4-9）和式（4-10）说明 $\frac{\mathrm{d}^{i-1}}{\mathrm{d}t^{i-1}}\{\lambda J(\lambda t)\} \cdot v(t)$ 实质上是函数 $v^{(i-1)}(t)$ 在区间 $(t - 1/\lambda,\ t)$ 上的加权平均。

通过使用加权移动平均观测器我们就可以计算出定义 4.1 给出的梯度因子，将梯度因子融合于传统 ARMA- GARCH 模型，则基于梯度信息的 G- ARMA-GARCH 模型的定义如下。

定义 4.2 假设 y_t 为收益率时间序列数据，则构成 G- ARMA- GARCH 模型的均值方程和方差方程如下：

$$y_t = c + \sum_{i=1}^{p} \varphi_i y_{t-i} + \sum_{j=1}^{q} \theta_j u_{t-j} + u_t + \sum_{i=1}^{m} [\gamma_i \dot{f}_{t-i} + \zeta_i (C_{t-i} - O_{t-i+1})/C_{t-i}] \tag{4-11}$$

$$\sigma_t^2 = \alpha_0 + \sum_{i=1}^{r} \alpha_i u_{t-i}^2 + \sum_{j=1}^{s} \beta_j \sigma_{t-j}^2 \tag{4-12}$$

式中，p、q、r、s 表示滞后阶数；φ_i、θ_j、α_i、β_j 是相应的参数；$\sum_{i=1}^{r} \alpha_i u_{t-i}^2$ 表示 ARCH 项，$\sum_{j=1}^{s} \beta_j \sigma_{t-j}^2$ 表示 GARCH 项，并且 $u_t = \sigma_t \varepsilon_t$。

在均值方程中，τ_t 是梯度因子，表示数据的变化趋势信息；γ_i 和 ζ_i 分别表示梯度因子中导数信息和隔夜跳空信息对应的参数。式（4-11）中，以指数核微分表示的导数信息包含了时序数据的历史变动趋势信息，而往期收盘与当期开盘之间的隔夜跳空现象则包含了股票市场现状的综合信息。因此，基于梯度因子的 G- ARMA- GARCH 模型是在融合股票价格时序数据内部相关经验知识的情况下，通过方差方程统一考虑收益率残差对于收益率的综合非对称影响。较之传统的 ARMA- GARCH 模型，新方法更加全面地涵盖了影响收益率变动的重要因素，也在很大程度上充分地表达了影响股票市场波动的复杂现象的规律性，使得 G- ARMA- GARCH模型的构建过程体现了更好的科学性及有效性。

4.2 实证研究

4.2.1 数据来源及预处理

为了验证模型实际分析处理时序数据的能力，本节选取了上证综指、深证成指、香港恒生指数和标准普尔 500 指数数据作为模型处理数据对象。考虑到统计推断的大样本需求，为了保证有足够的样本数量，样本数据选取 2010 年 1 月 4 日至 2014 年 12 月 31 日的日收盘价格，其中，2010 年 1 月 4 日至 2012 年 12 月 31 日数据作为训练数据，用于模型拟合及参数估计，2013 年 1 月 4 日至 2014 年 12 月 31 日数据作为测试集，用于样本外测试，检验模型泛化能力。所有股指数据均来自 Datastream 金融数据库，程序实现及计算结果均由 MATLAB 7.11 和 EVIEWS 6.0 实现。

假设每日收盘价为 C_i ，收益率为 $r_i = (C_i - C_{i-1})/C_{i-1}$ 。由于 ARMA-GARCH 模型要求时序数据具有平稳特性，因此在建模过程使用收益数据为建模对象。

4.2.2　模型参数选择

表 4-1 给出了上证综指、深证成指、香港恒生指数和标准普尔 500 指数收益序列的统计特征。以上证综指收益序列的统计特征为例，可以看出收益率数据的时间序列峰度值为 4.543 684，大于正态分布的峰度值 3，说明样本区间内，具有尖峰的特点；并且偏度值小于 0，为 -0.195 337；Jaque-Bera 统计量较大，为 76.912 84，对应的概率接近于 0，因此该时间序列不服从正态分布，并且具有“尖峰厚尾”的特性。即从图形上来讲，较正态分布图的尾部要厚，峰处要尖。也就是说，这部分数据出现极值的概率要比满足正态分布的数据出现极值的概率要大。所以，不能简单地用正态分布去直接拟合这类数据的概率分布并做出相应的统计推断。实证数据尖峰厚尾的分布特点只是价格波动所造成聚集效应的一种外在表现形式。以经济学的观点看来，当金融市场处于某种重要因素影响的情况下，金融产品价格会产生波动或剧烈的震荡现象，而且在一定的时间范围内持续某种程度的波动时往往出现聚集状态，而当这种信息聚集出现在均值和尾部时，就会分别产生价格波动的尖峰和厚尾现象。

表 4-1　收益序列 r_i 统计特征

统计量	上证综指	深证成指	香港恒生指数	标准普尔 500 指数
N	728	728 7	41	753
均值	-0.000 415	-0.000 426	0.000 134	0.000 374
中位数	-2.05e-05	-0.000 795	0.000 511	0.000 546
最大值	0.043 245	0.050 771	0.056 738	0.047 407

续表

统计量	上证综指	深证成指	香港恒生指数	标准普尔 500 指数
最小值	-0. 051 564	-0. 070 033	-0. 056 605	-0. 066 634
标准差	0. 012 320	0. 015 244	0. 012 923	0. 011 663
偏度	S-0. 195 337	-0. 118 486	-0. 202 712	-0. 330 696
峰度	4. 543 684	4. 437 848	5. 082 229	6. 524 298
Jarque-Bera 统计量	76. 912 84	64. 414 69	138. 938 9	403. 423 5
概率	0. 000 000	0. 000 000	0. 000 000	0. 000 000

在 ARMA-GARCH 模型中假设时序数据具有平稳性，使用 ADF 的方法进行单位根检验，判断序列的平稳性，表 4-2 给出了检验结果。4 个综合指数收益率数据序列的 ADF 检验统计量均小于 1%、5% 和 10% 显著性水平下的临界值，可以认为收益序列为平稳时间序列。

表 4-2　平稳性检验结果

变量	t 统计量	显著性水平（临界值）
上证综指 r_i	-27. 441 28	-2. 568 147（1%）
		-1. 941 259（5%）
		-1. 616 406（10%）
深证成指 r_i	-26. 820 70	-2. 568 147（1%）
		-1. 941 259（5%）
		-1. 616 406（10%）
香港恒生指数 r_i	-27. 355 03	-2. 568 091（1%）
		-1. 941 252（5%）
		-1. 616 411（10%）
标准普尔 500 指数 r_i	-29. 419 72	-2. 568 041（1%）
		-1. 941 245（5%）
		-1. 616 416（10%）

ARIMA 模型是一种常见的线性回归模型，其构成部分有时不一定全部使用，可能只是用到了自回归过程或移动平均过程，当然最常用到的还是 ARMA 模型和 ARIMA 模型。在 ARIMA 建模过程中，主要采用自相关和偏自相关图来决定 p、q 可能的取值，而实际应用中，利用自相关函数很难确定模型的最佳阶数，一般较为通用的方法是采用最小信息准则确定出最佳的模型阶数。根据最小信息准

则，以对比实验的方式分别针对上证综指、深证成指、香港恒生指数和标准普尔 500 指数的收益率序列建立相应的 ARMA（p，q）模型，上证综指、深证成指、香港恒生指数数据在参数 $p=2$，$q=2$ 时 AIC 值最小，而标准普尔 500 指数数据在参数 $p=1$，$q=1$ 时 AIC 值最小。使用以上选择模型拟合数据并对其残差序列进行 ARCH-LM 检验，表 4-3 分别给出 4 个不同市场的综合指数残差序的 ARCH-LM 检验结果。

表 4-3　数据 ARCH-LM 检验结果

变量	t 统计量	显著性水平（临界值）	概率
上证综指	F-statistic	6.687 754	0.000 4
	Obs * R^2	65.323 01	0.000 1
深证成指	F-statistic	19.914 962	0.000 4
	Obs * R^2	54.335 01	0.000 2
香港恒生成指	F-statistic	8.677 654	0.000 0
	Obs * R^2	78.605 79	0.000 0
标准普尔 500 指数	F-statistic	62.271 59	0.000 0
	Obs * R^2	107.174 7	0.000 0

检验统计量 $LM=TR^2$ 和 F 对应的概率趋近于 0，结果表明残差中 ARCH 效应非常显著，也就是说，收益率序列存在自回归条件件异方差。经检验，4 个综合市场股指收益率序列具有异方差特性，因此在构建 ARMA 模型的基础上，加入 GARCH 模型分析并处理收益序列的残差部分，分别用于估计 4 个数据集的 ARMA-GARCH 模型参数，得到表 4-4 中 ARMA-GARCH 模型的对应参数。使用式（4-3）计算得到梯度因子，并估计基于梯度因子的 G-ARMA-GARCH 模型中包括 γ_i 和 ξ_i 的所有参数，得到表 4-4 中 G-ARMA-GARCH 模型对应参数。将以上得到的参数结果代入 ARMA-GARCH 方程和 G-ARMA-GARCH 方程，可分别得到对应的均值方程和方差方程。本节以上证综指为例将参数估计结果代入模型，分别得到对于上证综指收益率序列数据的 ARMA-GARCH 模型和 G-ARMA-GARCH 模型的均值方程及方差方程。

表 4-4　模型参数估计结果

数据集	模型	c	AR（1）	AR（2）	MA（1）	MA（2）
上证指数	ARMA-GARCH	−0.0020	−1.7769	−0.9404	1.7794	0.9282
	G-ARMA-GARCH	4.3997E−4	0.4637	−0.3895	−0.0507	0.0823

续表

数据集	模型	c	AR (1)	AR (2)	MA (1)	MA (2)
深证指数	ARMA-GARCH	-0.0026	-1.6143	-0.7298	1.6219	0.7071
	G-ARMA-GARCH	1.3840E-4	-0.0419	-0.1049	0.0134	0.1145
香港恒生指数	ARMA-GARCH	2.6729	0.0966	0.8761	-0.0705	-0.9295
	G-ARMA-GARCH	1.5785E-4	1.1506	-0.3742	-1.1451	0.3709
标准普尔 500 指数	ARMA-GARCH	0.0014	-0.7011	NA	0.6826	NA
	G-ARMA-GARCH	0.0012	-0.1486	NA	0.1410	NA

数据集	模型	K	ARCH (1)	GARCH (1)	$\tau(\gamma, \zeta)$
上证指数	ARMA-GARCH	2.0723E-6	0.0151	0.9708	NA
	G-ARMA-GARCH	2.6153E-6	0.0219	0.9586	(-0.0047, 0.9065)
深证指数	ARMA-GARCH	4.9197E-6	0.0160	0.9625	NA
	G-ARMA-GARCH	6.6854E-6	0.0276	0.9406	(-1.2777E-4, 0.8693)
香港恒生指数	ARMA-GARCH	2.4928E-6	0.0642	0.9192	NA
	G-ARMA-GARCH	2.4662E-6	0.0647	0.9191	(0.0012, -0.0650)
标准普尔 500 指数	ARMA-GARCH	3.4127E-6	0.1143	0.8604	NA
	G-ARMA-GARCH	3.0170E-6	0.1209	0.8550	(3.4130E-4, 3.2962)

注：NA 表示空值。

上证综指 ARMA (2, 2)-GARCH (1, 1) 模型均值方程为

$$y_t = -0.0020 - 1.7769y_{t-1} - 0.9404y_{t-2} + 1.7794u_{t-1} + 0.9282u_{t-2} \tag{4-13}$$

方差方程为

$$\sigma_t^2 = 2.0723 \times 10^{-6} + 0.0151u_{t-1}^2 + 0.9708\sigma_{t-1}^2 \tag{4-14}$$

上证综指 G-ARMA (2, 2)-GARCH (1, 1) 模型均值方程为

$$y_t = 4.3997 \times 10^{-4} + 0.4637y_{t-1} - 0.3895y_{t-2} - 0.0507u_{t-1} + 0.0823u_{t-2} - 0.0047\dot{f}_{t-1} + 0.9065(C_{t-1} - O_t)/C_{t-1} \tag{4-15}$$

方差方程为

$$\sigma_t^2 = 2.6153 \times 10^{-6} + 0.0219u_{t-1}^2 + 0.9586\sigma_{t-1}^2 \tag{4-16}$$

表4-4中给出的参数在95%置信水平下都是显著的，由表中数据可以清晰地可看出 ARCH (1) 和 GARCH (1) 的系数均为正值，并且每对 ARCH (1) + GARCH (1) <1，且非常接近1，表明过去的波动对未来的波动有正向长期的影

响[147]。本节又分别对得到的估计方程做了 1 阶滞后、10 阶滞后和 20 阶滞后的残差估计，针对估计结果的统计量 F-statistic 和 Obs * R^2 均不显著，表明标准残差不存在额外的 ARCH 效应，同时也表明方差方程的估计是准确的。

4.2.3 实证结果分析

本节以上证综指、深证成指、香港恒生指数和标准普尔 500 指数为实证研究对象，选取了 2013 年 1 月 4 日至 2014 年 12 月 31 日收盘价收益数据为测试集，进行 ARMA-GARCH 模型和 G-ARMA-GARCH 模型的动态预测。使用以上得到的均值方程和方差方程分别对测试样本进行预测，图 4-1 ~ 图 4-4 分别为 4 个综合市场股指收益的预测结果，从图中可看出，由 G-ARMA-GARCH 模型得到的收益预测结果相较 ARMA-GARCH 模型更加接近实际的收益值，特别是香港恒生指数，G-ARMA-GARCH 模型表现出更好的泛化能力。结合其他数据的实证结果总的来说，增加了梯度信息的 ARMA-GARCH 模型预测精度有较明显的提高。面对具有高频噪声污染的金融时序数据，能够得到较为理想的模型泛化能力，主要归功于引入了梯度信息后模型更加全面而科学地表达了影响股票时序数据的复杂性综合因素，尤其是在融合趋势变动信息时所采用的微分观测器具有的高性能抗干扰能力。而且，本章采用指数加权平均核函数在模拟时间序列的趋势信息时，以指数衰减形式赋予历史数据不同权值的处理方式在很大程度上融合了时序历史数据的时间相关性经验知识，科学表达金融时序数据内部相互关系的同时改进了模型分析处理实际问题的泛化能力，有效提高了模型预测结果的精确性。

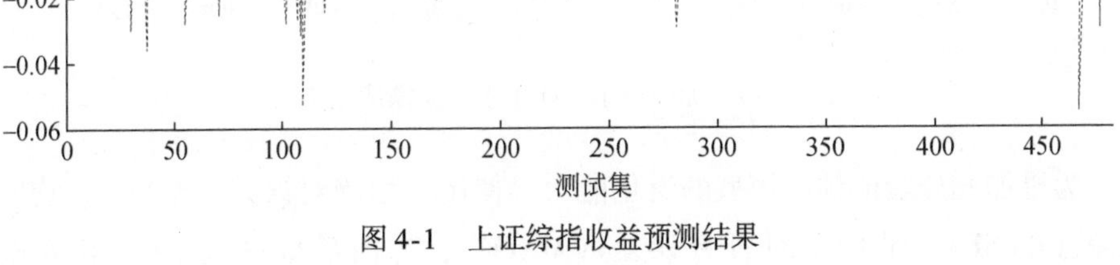

图 4-1　上证综指收益预测结果

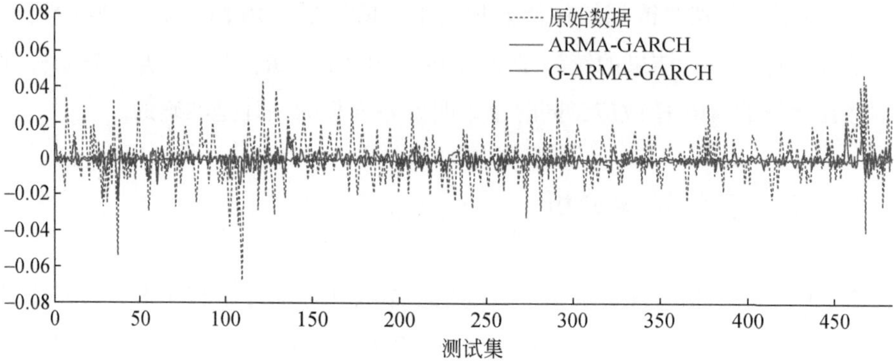

图 4-2　深证成指收益预测结果

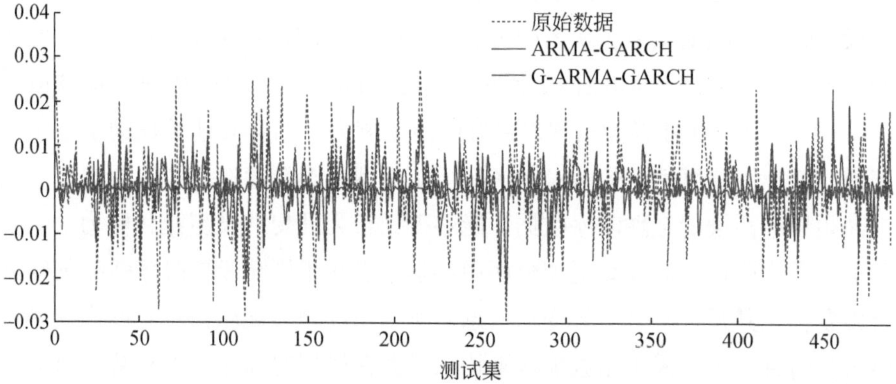

图 4-3　香港恒生指数收益预测结果

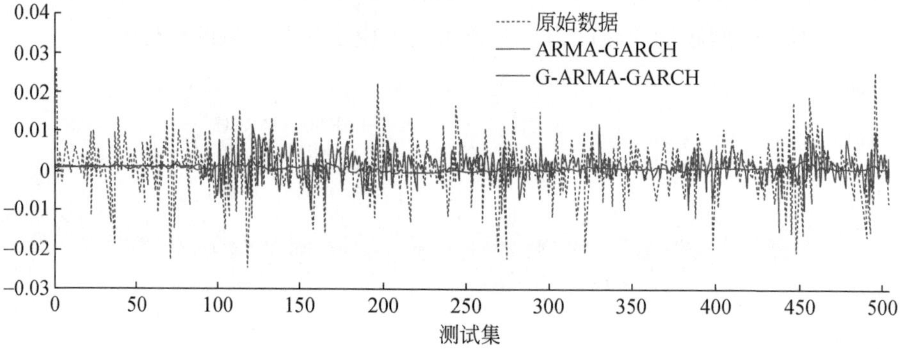

图 4-4　标准普尔 500 指数收益预测结果

为更加充分验证预测模型的泛化能力，使用平均绝对误差（MAE）、均方根误差（RMSE）、平均绝对百分误差（MAPE）、方向准确率（DA）和方差比

（FV）衡量模型的准确性，具体定义如下：

$$\mathrm{MAE} = \frac{1}{l}\sum_{i=1}^{l} |a_i - y_i| \tag{4-17}$$

$$\mathrm{RMSE} = \sqrt{\frac{1}{l}\sum_{i=1}^{l} (a_i - y_i)^2} \tag{4-18}$$

$$\mathrm{MAPE} = \frac{100}{l}\sum_{i=1}^{l} \left|\frac{a_i - y_i}{y_i}\right| \tag{4-19}$$

$$\mathrm{DA} = \frac{1}{l}\sum_{i=1}^{l} \omega_i \tag{4-20}$$

$$\mathrm{FV} = 2\,\frac{\sigma C_y - \sigma C_a}{\sigma C_y + \sigma C_a} \tag{4-21}$$

式中，若（$y_{i+1}-y_i$）（$a_{i+1}-y_i$）>0，则 $w_i=1$，否则 $w_i=0$；a_i 和 y_i 分别表示模型预测值和真实值；σC_a 和 σC_y 表示标准差。针对同一实证数据而言，评价指标MAE、RMSE及MAPE的值越小表明模型的预测值与真实值更加接近，也就说明模型预测能力更强。而DA反映了模型预测方向的能力，DA越大，方向预测越准确。FV是度量预测标准差和真实标准差的差异的评价指标，FV越接近0，则模型预测精度越高[148]。

表4-5列出了ARMA-GARCH模型和G-ARMA-GARCH模型在4种不同综合指数收盘价数据集上预测结果的比较，从不同模型的各评价指标结果可以看出，误差量化指标和一致性指标均显示G-ARMA-GARCH预测结果具有更高的准确性，再次表明引入梯度信息的ARMA-GARCH模型由于融合了股指时间序列往期数据变动趋势及当期跳空开盘信息的经验知识，能更准确地把握股价的波动规律及综合因素对股价的影响，很大程度上纠正了传统模型对部分数据建模偏差较大的缺陷。而且各评价指标在不同实证数据对象的预测结果一致趋优，说明G-ARMA-GARCH模型预测精度的提高具有很强的稳健性。

表4-5 评价指标统计结果

数据集	模型	MAE	RMSE	MAPE	DA	FV
上证综指	ARMA（2，2）-GARCH（1，1）	18.293 04	26.840 63	0.807 91	0.520 74	0.019 97
	G-ARMA（2，2）-GARCH（1，1）	17.177 46	24.432 85	0.759 61	0.636 93	0.016 46
深证成指	ARMA（2，2）-GARCH（1，1）	84.774 71	118.094 55	1.008 53	0.487 55	0.009 23
	G-ARMA（2，2）-GARCH（1，1）	78.274 16	108.205 91	0.932 81	0.630 71	0.008 84

续表

数据集	模型	MAE	RMSE	MAPE	DA	FV
香港恒生指数	ARMA (2, 2)-GARCH (1, 1)	160.890 35	213.638 30	0.707 41	0.487 76	0.002 39
	G-ARMA (2, 2)-GARCH (1, 1)	117.732 83	156.954 28	0.516 71	0.738 78	0.001 96
标准普尔500指数	ARMA (1, 1)-GARCH (1, 1)	9.338 21	12.588 03	0.525 90	0.582 50	-0.002 52
	G-ARMA (1, 1)-GARCH (1, 1)	8.198 39	11.048 45	0.462 58	0.681 91	-0.002 30

4.3 本章小结

作为金融市场主体的证券市场是一个受多方综合因素影响的动态性复杂巨系统，而系统所产生的金融时间序列数据则蕴含了复杂系统中的众多客观规律信息。如何从具有高度动态复杂性的时序数据中提取各种有用的信息进而逐步掌握其变化规律，对于市场参与者的金融投资决策和市场风险管理来说都显得至关重要，也得到了相关研究领域的普遍关注。从众多针对单变量金融时序数据的研究成果来看，专门用来处理金融数据的 ARMA-GARCH 模型得到了良好的实证效果。但是，对于传统模型的使用只是考虑了股票价格历史数据本身，却没有融合价格时序的演进趋势变化信息和市场往期收盘与当期开盘间的隔夜跳空市场信息。这些信息的缺失在一定程度上影响了分析预测模型对于处理结果精度的进一步提高。基于此，本章将股票时序历史数据的微分信息和隔夜跳空信息定义为梯度因子，并将之引入 ARMA-GARCH 模型，使得模型在分析历史数据的同时进一步融合时序数据内部的趋势变化和市场相关信息。实证研究中，在对上证综指、深证成指、香港恒生指数、标准普尔500指数四个股指收益率数据进行充分的时序分析基础之上，对各股票综合指数及其相应收益率时序数据均进行了预测性研究，实证研究的评价指标计算结果表明基于梯度因子的 G-ARMA-GARCH 股票价格预测模型不仅精度显著提高，而且具有很强的稳定性。

第 5 章　基于近邻互信息的 SVM-GARCH 股票价格预测模型

受全球金融市场间联动效应的影响，股票收益率时间序列具有越来越显著的非线性特征。为了克服传统线性模型分析处理收益率数据非线性因素的不足，本章提出一种新的基于近邻互信息特征选择的 SVM-GARCH 预测模型。试图利用 SVM 处理高维非线性数据的优势，通过构建高维输入变量，同时包含股指序列自身的历史数据信息，以及与目标股指数据关系密切的周边证券市场的相关变化信息。通过自身信息和市场联动信息的有效融合，显著提高模型对数据除噪、趋势判别及预测精确度等方面的综合性能。

如何科学地分析处理有高度动态复杂性的股票收益率时间序列数据，以期进行较为准确的预测，从而有效发挥股票市场对于社会资源配置的积极作用，是所有金融市场参与者及相关研究人员最为关注的热点问题。多年来，国内外广大研究人员针对性地提出了大量的金融时序数据的分析预测模型，在这些方法中有基于传统统计理论的 ARMA[124,125] 模型、GARCH[147,127] 模型及马尔可夫链[128,149] 等方法，也有人工神经网络算法[42,59]、支持向量机[65,66] 等基于机器学习的人工智能方法。在这许多方法之中，ARMA-GARCH 模型在对因变量滞后值及随机误差项的滞后值进行回归的基础上，还对误差方差和滞后条件方差进行了进一步的线性函数建模，在对于金融时序数据的收益和波动性等研究方面得到了广泛的应用[22,23,41]。然而，股票价格的影响因素很多，除市场基本因素以外，国家政治、税收政策、宏观经济、外汇市场、金融现状及投资者情绪等因素均对股票价格有着程度大小不一的影响作用。而且，随着全球经济金融市场一体化发展趋势的不断深入，以及大规模金融危机的频频发生，各国证券市场之间的相互影响日益扩大，不同金融市场之间的联动和传染效应也对股票价格有着非常显著的影响，已经成为影响本地证券市场波动的主要的因素之一[150]，所有这些因素使得股票价格的波动表现出复杂的非线性和不确定性[151-155]。而 ARMA 方程是一种典型的线性回归模型，对于证券价格线性趋势变化的假设，使得模型不能充分地分析和拟合股票价格时间序列中的非线性因素，很难进一步揭示其内在的变化规律，影响了在现实应用中预测精度的进一步提高[156-158]。近年来，随着计算实验金融的不断发展，借助机器学习和智能计算技术克服传统规范分析研究假设过于严格的弱点[12,130]，创新性地把 ANN 和 SVM 等非线性算法大量应用于股票价格预测研究，很大程度上提高了股票价格预测的精度。但神经网络由于存在诸如网络结构复杂、过拟合、局部极小值等缺陷，影响了在证券价格预测研究中的性能[62,104,159]。而支持向量机基于结构风险最小化原则克服了神经网络的缺陷，针对股票价格的时变性和非线性，在实际应用中展现了很好的泛化能力，而且 SVM 可以不用明确解析的方式直接从数据分析角度出发构造高维非线性时间序列分析模型，已经在经济、金融研究领域得到了广泛的应用[123,160,161]。然而在诸多 SVM 的相关应用中，并未分析由 SVM 模型得到的误差序列是否存在异方差特性。在实际的经济金融问题中，随机扰动项往往是异方差的，即在相关模型回归处理后的随机扰动项在不同观测值中的方差不是一个常数。实际上，模型构建中解释变量的缺失、数据测量的累积误差、模型函数形式的不完整性及数据集中异常值的出现等原因均会造成时序数据中异方差的存在。利用 SVM 模型通过高维面板数据可以更好地分析处理金融时序数据中的非线性成分，但并不能确保回归后的扰动项不存在异方差性。在这种情况下，通过回归并不能得到有效的参数估计量，当然在此基础之上再对模型参数做相应的显著性检验等工作也就无从谈起。如果结合 GARCH 模型对 SVM 回归后的残差进行异方差性的分析处理，就可以提高预测结果的稳定性和有效性。基于以上思路，本章拟构造一种 SVM-GARCH 模型，首先，利用 SVM 分析收益率时间序列中非线性复杂关系的同时，通过 GARCH 模型处理预测残差的异方差特性，进一步在一定程度上解决 SVM 对于预测目标相关信息学习不完备的问题。其次，SVM 作为一种具有多输入和单输出的有监督学习机，模型高维输入向量的选取及训练数据集的确定对于最终模型的泛化能力起着很重要的作用，本章借用近邻互信息的概念，在刻画不同金融市场之间的非线性依赖关系的基础上进行 SVM 输入变量的特征选择，通过融合与目标市场间近邻互信息较强的属性，充分学习影响股指收益率波动的自身历史数据信息和周边市场变化信息，使模型构造能够更加贴近真实的市场环境，以提高 SVM 模型对于收益率时序数据非线性关系的分析和预测能力。最后，以多期日经 225 指数为实验对象，在计算多个不同证券市场综合股指滞后 5 期数据的近邻互信息的基础上，分别选取了与目标股指关联度最强的多个属性子集作为 SVM 的输入向量对目标股指展开预测性比较研究，实验结果表明学习了周边证券市场联动信息的 SVM-GARCH 模型更加贴近真实的证券市场环境，能更好地解释股票价格时序数据中的非线性关系，相比传统的 ARMA-GARCH 模型，显著提高了对于股指收益率时序数据预测的有效性和精确性。

5.1　SVM-GARCH 模型构造

股票价格收益率预测的基本原理就是利用过去的股票历史数据和各种影响因素，采用一定的方法对未来股票价格指数的走势及变化做出预测。设受各种综合因素影响的高维股票价格收益时序数据为 $\{(x_i, y_i)\}_{i=1}^{l} \in (X \times Y)^l$，其中 $x_i \in R^n$ 为 n 维向量，$y_i \in R$ 为实数，分别表示高维影响因素和股票价格收益数据。则股票价格收益率预测模型可以表示为 $\hat{y} = f(X)$。通过上式可知，股票价格收益率预测就是通过构建并优化预测函数 $f(X)$，最小化 y 与 $\hat{y}$ 之间的误差，从而对未来某时刻的价格变化做出预测，用以辅助投资决策。由于股票收益率数据受多种综合因素的影响，具有高度非线性化的特点，而且在实际应用中这种时间序列往往是信息不完备的，很难用解析方法表达出其确切的运动规律，导致传统的基于线性变化假设的方法预测精度偏低。SVM 于 1995 年由 Vapnik 提出，在解决小样本、非线性问题尤其是在处理高维模式识别中均表现出了突出的优势，适于依据股票价格收益率历史数据及相关影响因素之间的内在联系对股票价格进行预测性研究。本节拟通过采用基于近邻互信息特征选择的支持向量回归机展开股票价格收益率时间序列的预测研究。支持向量回归机可表示为如下形式的一个优化问题：

$$\min_{\omega, b, \zeta}\left[\frac{1}{2}\|\omega\|^2 + C\sum_{i=1}^{N}(\xi_i + \xi_i^*)\right]$$
$$\text{s.t.}\begin{cases} y_i - <\omega, x_i> - b \leqslant \varepsilon + \xi_i \\ <\omega, x_i> + b - y_i \leqslant \varepsilon + \xi_i^* \\ \xi_i, \xi_i^* \geqslant 0 \end{cases} \tag{5-1}$$

式中，ξ_i、ξ_i^* 表示松弛因子；C 表示惩罚参数。以上优化问题可表示为对偶形式，即

$$\max_{\alpha}\left[-\frac{1}{2}\sum_{i=1}^{N}\sum_{j=1}^{N}(\alpha_i^* - \alpha_i)(\alpha_j^* - \alpha_j)K(x_i, y_j) - \varepsilon\sum_{i=1}^{N}(\alpha_i^* + \alpha_i) + \sum_{i=1}^{N}y_i(\alpha_i^* - \alpha_i)\right]$$
$$\text{s. t.}\begin{cases}\sum_{i=1}^{N}(\alpha_i^* - \alpha_i) = 0\\ 0 \leqslant \alpha_i,\ \alpha_i^* \leqslant \frac{C}{N},\ i = 1, 2, \cdots, N\end{cases} \tag{5-2}$$

由此能得到当输入为 x 时的预测结果为

$$f(x) = \sum_{i=1}^{l}(a_i - a_i^*)K(x, x_i) + b \tag{5-3}$$

式中，a_i、a_i^* 表示拉格朗日乘子；$K(x, x_i)$ 表示核函数。

对于训练样本 $\{(x_i, y_i)\}_{i=1}^{l}$，通过以上的模型分别得到输出 $y_i \in R$ 的预测值 $f(x_i)$，经计算可得到预测残差序列 $e_i = y_i = f(x_i)$。相比传统的线性方法，式（5-1）通过引入非线性的支持向量回归机增强了对于高维非线性价格收益率时间序列的综合分析能力，但并不能够确定消除预测后的残差序列的时变性，需要通过 GARCH 模型族进一步分析残差项的异方差性，以提高模型的分析预测能力。即 SVM-GARCH 模型构造如下。

定义 5.1 假设 r_t 为收益率时间序列数据，则构成 SVM-GARCH 模型的均值方程和方差方程如下：

$$\begin{aligned} r_t &= c + \varphi f(x_t) + \sum_{j=1}^{q}\theta_j u_{t-j} + u_t \\ \sigma^2 &= \alpha_0 + \sum_{i=1}^{r}\alpha_i u_{t-i}^2 + \sum_{j=1}^{s}\beta_j\sigma_{t-j}^2 \end{aligned} \tag{5-4}$$

式中，$f(x) = \sum_{i=1}^{l}(a_i - a_i^*)K(x, x_i) - b$ 表示由高维非线性模型得到的在 t 期的预测值；u_{t-j} 表示预测式（5-3）的误差项；q、r 和 s 表示滞后阶数；θ_j、α_i、β_j 表示滞后项参数。

在 SVM-GARCH 模型的方差方程中，$\sum_{i=1}^{r}\alpha_i u_{t-i}^2$ 为 ARCH 项，而将表达式 $\sum_{j=1}^{s}\beta_j\sigma_{t-j}^2$ 称为 GARCH 项，并且 $u_t = \sigma_t\varepsilon_t$。在 SVM-GARCH 模型的均值方程中，

$f(x_t)$ 为由高维非线性模型 SVM 得到的 t 期预测结果，该结果既包含了收益率往期数据，也包含了与收益率相关的高维信息。因此，与传统的 ARMA-GARCH 模型相比较，SVM-GARCH 模型以非线性形式描述高维输入与输出的关系，更加符合实际数据之间的高维非线性复杂联系。由于 SVM 是一种典型的具有多输入和单输出的有监督学习机，因此模型输入特征的确定对于模型预测精度的提高有很大的影响。另外，由于当今世界不同国家或同一国家的金融市场之间、板块之间的收益率或收益率波动存在显著的相关性，而且股票收益率数据作为一种特殊的时间序列也具有滞后效应，当天的时序数据不仅与历史数据有关，还与描述周边市场信息的特征属性取值情况相关[84,162]。所以在支持向量回归机的高维输入变量构建过程中，为选择出与目标市场价格收益率有显著相关性的输入特征，除分析收益率时序数据自身历史相关信息之外，还应该融合周边市场相关的信息，以提高模型的分析预测能力。在金融市场联动研究方面，当前普遍采用的 GARCH、VaR、协整及误差修正等计量经济学模型需要事先假设残差的条件分布，不能很好地适应金融时序数据的真实特性，在一定程度上影响了模型对于市场联动信息分析判断的准确性[151]。鉴于此，本节采用近邻互信息的方法，从微观方面表述不同市场之间的联动规律。由于近邻互信息是在信息熵的基础之上演化而来，因此不仅克服了离散数据之间互信息的计算困难，而且还满足了金融市场之间非线性相互关系的要求，因此本章选择近邻互信息来刻画周边市场与目标市场收益率数据之间的相关性，并以近邻互信息最大化原则对自身收益率历史数据及关联市场收益率历史数据进行特征选择[163,164]。近邻互信息定义如下[165]。

定义 5.2　若样本集 $U=\{x_1, x_2, \cdots, x_n\}$ 由离散的数值特征集 F 描述，R、S 为特征集 F 的特征子集，即 R、$S \subseteq F$，于是样本 x_i 在特征子集 R 和 S 上的近邻域就可分别表示为 $\delta_R(x_i)$ 和 $\delta_S(x_i)$，则 R 与 S 的近邻互信息定义为

$$\mathrm{NMI}_\delta(R;\ S) = -\frac{1}{n}\sum_{i=1}^{n}\lg\frac{\|\delta_R(x_i)\| \cdot \|\delta_S(x_i)\|}{n\|\delta_{S\cup R}(x_i)\|} \tag{5-5}$$

本节构建的基于近邻互信息特征选择的 SVM-GARCH 股票价格收益率时间序列的预测模型的总体思路：首先使用近邻互信息选择与目标市场收益率关联性较强的目标市场历史数据及周边市场信息，构造支持向量回归机的高维输入变量信息；其次训练 SVM 分析处理收益率时间序列数据；最后使用 GARCH 模型分析残差序列异方差特性，矫正并改善 SVM-GARCH 模型预测的有效性和精确性。基于近邻互信息的 SVM-GARCH 预测模型算法描述如下。

Require：训练样本集 $\{(x_i, r_i)\}_{i=1}^{t}$，其中 $x_i=(x_{i,1}, \cdots, x_{i,N})$ 是与目标 r_i 相关的离散数值特征集 $A=\{a_1, a_2, \cdots, a_N\}$ 上的特征值，$r_i \in R$ 和 $t+1$ 期输入 $x_{t+1}=(x_{t+1,1}, \cdots, x_{t+1,N})$

Ensure：预测结果 r_{t+1}

1）建立特征合集 $F=\{a_1, a_2, \cdots, a_N, r\}$，分别计算目标 r 与特征 $A=a_1, \cdots, a_N$ 的近邻互信息 $\mathrm{NMI}_\delta(A; r)=-\frac{1}{n}\sum_{i=1}^{n}\lg\frac{\|\delta_A(x_i, r_i)\|\cdot\|\delta_r(x_i, r_i)\|}{n\|\delta_{A\cup r}(x_i, r_i)\|}$，根据近邻互信息计算结果，选择前 $k(k\leqslant N)$ 个与目标 y 相关性较强的特征，形成新的训练样本 $\{(x'_i, r_i)\}_{i=1}^{t}$，其中，$x'_i=(x'_{i,1}, \cdots, x'_{i,k})$ 作为 SVM 模型的输入变量。

2）根据步骤 1 中特征选择结果，由 $x_{t+1}=(x_{t+1,1}, \cdots, x_{t+1,N})$ 建立新的 $t+1$ 期输入变量 $x'_{t+1}=(x'_{t+1,1}, \cdots, x'_{t+1,k})$。

3）在训练集 $\{(x'_i, r_i)\}_{i=1}^{t}$ 上训练 SVM，选择相应参数及核函数，其中特征向量 $x'_i=(x'_{i,1}, \cdots, x'_{i,k})$ 为 k 维输入变量，包含前 p 期收益数据及 $k-p$ 维与目标相关性较强的周边市场收益率信息。

4）在训练好的 SVM 上拟合训练集得到拟合结果 $f(x'_i)$，根据公式 $e_i=y_i-f(x'_i)$，可以计算得到训练集误差序列 $\{e_i\}_{i=1}^{t}$。

5）对 $\{e_i\}_{i=1}^{t}$ 做异方差检验，若存在异方差，则顺序执行以下步骤，若不存在异方差，转到步骤 8。

6）使用由定义 5.1 给出的 SVM-GARCH 模型，拟合得到参数 c、θ_j、α_i 和 β_j，建立预测模型。

7）使用步骤 2 中得到的 $t+1$ 期输入向量 $x'_{t+1}=(x'_{t+1,1}, \cdots, x'_{t+1,k})$ 作为 SVM-GARCH 预测模型输入，分别得到 r_{t+1} 和 σ^2_{t+1}，转移到步骤 9。

8）$x'_{t+1}=(x'_{t+1,1}, \cdots, x'_{t+1,k})$ 为 SVM 模型输入向量得到 $t+1$ 期预测值 $f(x'_{t+1})$，并且使得 $r_{t+1}=f(x'_{t+1})$。

9）输出预测结果 r_{t+1}。

重复步骤 1）~8）可得到其余预测结果 $\{r_{t+2}, \cdots, r_{t+n}\}$。

5.2 实证研究

考虑到股票收益率时间序列的高度不稳定性及高维复杂性，本章提出把支持向量回归机 SVM 引入到预测模型 SVM-GARCH 的构造过程中，并利用近邻互信息的概念融合金融市场间相关性信息的同时确定相关历史信息向前浮动的特征选择工作。新模型除了在克服传统线性模型处理非线性复杂关系的局限之外，还充分学习了金融市场间的联动和传染效应信息，以期预测模型能够更加准确地表达现实世界中复杂的金融市场环境下价格收益率的波动行为。由于本章是针对传统 ARMA-GARCH 模型在处理时序数据非线性结构时的不足提出的改进算法，因此在本节接下来的实证研究中将以证券市场中的真实股票价格时间序列数据为研究对象，把 ARMA-GARCH 模型作为基准模型，以比较研究的方式证明 SVM-GARCH 模型的科学性，以及近邻互信息在表达当今复杂经济金融市场环境下的市场联动信息方面的适用性。

5.2.1　数据来源及预处理

日经 225（Nikkei 225）股票指数由日本经济新闻社编制并由日本东京股票交易所推出，被认为不仅是最能够代表日本股票市场的股票价格平均指数，更是全世界国际金融市场中的重要指标之一。而且日本作为经济发达国家，在高外汇储备、高储蓄、高净出口等方面与中国有很多相似之处，作为亚太地区最成熟的股票市场如何发挥其宏观经济的晴雨表作用，对于当前全球经济金融一体化环境下的国内股票市场而言，在维护金融安全、推动经济发展等方面具有很大的参考价值[155,166]。基于以上考虑，本节选取 2010 年 1 月 4 日至 2011 年 12 月 31 日和 2012 年 1 月 4 日至 2013 年 12 月 31 日两段时间范围内的日经 225 指数日收益数据为实验对象，对基准模型 ARMA-GARCH 和新模型 SVM-GARCH 展开实证比较研究，检验模型预测结果的精确性。两部分数据集的前 90% 作为训练用数据，主要训练模型的学习能力并对相关参数进行估计，两个时间段数据集的剩余 10% 用作测试集，用于样本外测试中检验模型的学习效果和预测精度。本节仿真实验所涉及股指数据全部来自 Datastream 金融数据库。设股指日收盘价格为 C_i，则每日收益率为 $r_i = (C_i - C_{i-1})/C_{i-1}$，本节研究过程中，使用股指日收益数据为建模对象展开实证研究。SVM 回归预测由 Weka 3.6.11 工具箱实现，属性间的近邻互信息数值计算代码实现基于 Visiual Studio 2013 语言环境自主开发完成，模型构建中 GARCH 模型通过 MATLAB 2014b 工具箱及 EVIEWS 8.0 完成。

5.2.2 模型参数选择

从表 5-1 中给出的两段日经 225 指数收益序列的相关统计量信息可以看出，收益率时间序列的峰度值分别为 10.304 46 和 5.723 111，均大于正态分布的峰度值 3，表中 Jarque-Bera 统计量检验结果也表明收益率序列服从正态分布的概率为 0，并且偏度值也都小于 0，说明两段日经 225 指数股指收益率序列均具有尖峰左偏的分布特点，即数据序列分布的峰顶位置的密度函数值要大于满足正态分布时序数据序列的相应理论性估值，且左尾部出现的观测点多于右尾部，说明市场在受到外部冲击时，股价波动波会出现明显的聚集现象。

表 5-1　收益序列 r_i 统计特征

统计量	日经 225 指数（2010 年 1 月 4 日至 2011 年 12 月 31 日）	日经 225 指数（2012 年 1 月 4 日至 2013 年 12 月 31 日）
N	433	4401
均值	-0.000 340	0.001 30
中位数	0.000 338	0.000 892
最大值	0.056 776	0.049 440
最小值	-0.105 539	-0.073 159
标准差	0.014 185	0.014 173
偏度	-0.975 760	-0.558 369
峰度	10.304 46	5.723 111
Jarque-Bera 统计量	1 047.999	159.894 2
概率	0.000 000	0.000 000

表 5-2 给出了两个不同时段收益率时间序列的 ADF 单位根检验结果，在 1% 显著水平下，ADF 统计量分别为-20.759 00 和-22.618 32 均远小于临界值且概率很小，说明收益率序列有单位根的概率几乎为 0，应该没有明显的记忆性和波动的持续性，本节所选取的两段日经 225 指数股指收益率时间序列是平稳的。

表5-2　收益率序列的ADF检验结果

变量	t统计量	显著性水平（临界值）
日经225指数（2010年1月4日至2011年12月31日）r_i	-20.759 00	-2.570 240（1%）
		-1.941 546（5%）
		-1.616 215（10%）
日经225指数（2012年1月4日至2013年12月31日）r_i	-22.618 32	-2.570 204（1%）
		-1.941 542（5%）
		-1.616 218（10%）

正如之前所提到的，ARIMA模型就是对各种不同来源且经过变换转化为平稳时序数据的线性自回归模型，从模型构造的过程中可以看出，这种线性过程同时包含了对时序变量自身历史数据值和回归误差项的现值和之前历史数据值的回归。ARIMA模型是一种常见的线性回归模型，根据实际应用环境的情况其构成部分有时不一定全部使用，有时会只用到自回归过程或移动平均过程，当然最常用到的还是ARMA模型和ARIMA模型。实际应用过程中，首先要确定ARMA模型的具体形式，一般以计算AC和PAC并通过图像来直观地进行滞后阶数p、q可能取值的判断，然后通常采用最小信息准则（AIC）给出最佳的模型阶数定量化的精确判断。其中，AIC函数的具体定义为

$$\mathrm{AIC} = n\ln\sigma_{\varepsilon}^{2} + 2(p + q + 1) \tag{5-6}$$

根据AIC最小信息准则，对于两阶段日经225指数收益率数据分别选择$p=2$、$q=2$和$p=2$、$q=3$，即2010～2011年数据确定ARMA（2，2）模型，而对于2012～2013年数据选取ARMA（2，3）模型。

随着全球经济一体化趋势的不断加强，各国证券市场之间的相互影响正日益扩大，国际股票市场间的联动性普遍在增强。这也正是本章在构建SVM预测模型时，考虑在其高维输入变量选择时进一步融合周边证券市场相关信息真实原因。股票价格的收益率时间序列具有时效性和滞后性特征，即当期数据不仅与之前的多期历史数据有关，还与各种市场影响因素有关，因此在SVM的高维输入变量中有必要把周边证券市场的多期历史数据信息也当作当天股票价格收益率数据变化的影响因子来考虑。大量研究表明，近邻互信息在构建模型进行特征选择是一种有效的方法。而且Hu等[165]在2011年提出的近邻互信息概念不仅满足了表达收益率时间序列之间非线性关系的需求，而且解决了传统互信息在计算数值型离散数据的互信息时计算相关边缘概率密度及联合概率密度的困难。因此在本

章中利用近邻互信息的概念实现SVM的高维输入变量的特征选择功能。考虑到日经225指数在全球证券市场的广泛影响力和在亚洲的特殊地位，本节选取了欧洲三大股票指数（英国富时100指数、德国法兰克福指数和法国CAC40指数）、纽约三大股票指数（道琼斯指数、标准普尔500指数和纳斯达克指数）、香港恒生指数，以及我国内地的上证综指和深证成指的滞后5天的历史数据作为基础数据，分别计算以上信息与日经225指数之间的近邻互信息，计算结果见表5-3。

表5-3　近邻互信息计算结果

序号	属性	近邻互信息值（2010～2011年）	属性	近邻互信息值（2012～2013年）
1	日经225指数_1	2.45	日经225指数_1	2.387
2	日经225指数_2	2.268	日经225指数_2	2.216
3	日经225指数_3	2.155	日经225指数_3	2.035
4	日经225指数_4	2.029	日经225指数_4	1.906
5	日经225指数_5	1.986	日经225指数_5	1.849
6	道琼斯指数_1	1.791	道琼斯指数_1	1.677
7	道琼斯指数_2	1.693	道琼斯指数_2	1.573
8	道琼斯指数_3	1.68	道琼斯指数_3	1.568
9	道琼斯指数_4	1.674	道琼斯指数_4	1.544
10	道琼斯指数_5	1.616	道琼斯指数_5	1.519
11	法兰克福指数_1	1.603	法兰克福指数_1	1.509
12	恒生指数_2	1.591	法兰克福指数_3	1.478
13	法兰克福指数_3	1.569	法兰克福指数_2	1.461
14	恒生指数_1	1.566	法兰克福指数_4	1.46
15	法兰克福指数_2	1.544	法兰克福指数_5	1.434
16	恒生指数_4	1.542	恒生指数_2	1.41
17	法兰克福指数_4	1.536	恒生指数_1	1.403
18	恒生指数_3	1.535	恒生指数_5	1.381
19	恒生指数_5	1.53	恒生指数_3	1.378
20	法兰克福指数_5	1.529	恒生指数_4	1.371

续表

序号	属性	近邻互信息值（2010～2011 年）	属性	近邻互信息值（2012～2013 年）
21	纳斯达克指数_1	1.321	纳斯达克指数_1	1.215
22	纳斯达克指数_2	1.278	富时 100 指数_1	1.199
23	富时 100 指数_1	1.26	富时 100 指数_2	1.18
24	富时 100 指数_3	1.252	富时 100 指数_3	1.18
25	富时 100 指数_4	1.252	纳斯达克指数_2	1.176
26	纳斯达克指数_3	1.239	富时 100 指数_4	1.173
27	富时 100 指数_2	1.236	纳斯达克指数_3	1.155
28	纳斯达克指数_4	1.223	富时 100 指数_5	1.152
29	纳斯达克指数_5	1.223	纳斯达克指数_4	1.136
30	富时 100 指数_5	1.222	法国 CAC40 指数_ 1	1.133
31	法国 CAC40 指数_5	1.207	纳斯达克指数_ 5	1.127
32	法国 CAC40 指数_1	1.193	法国 CAC40 指数_ 3	1.119
33	法国 CAC40 指数_4	1.185	法国 CAC40 指数_ 4	1.119
34	法国 CAC40 指数_3	1.18	法国 CAC40 指数_ 2	1.113
35	法国 CAC40 指数_2	1.179	法国 CAC40 指数_ 5	1.111
36	深证成指_4	1.089	深证成指_ 4	0.982
37	深证成指_3	1.081	深证成指_ 3	0.951
38	深证成指_2	1.061	深证成指_ 2	0.934
39	标准普尔 500 指数_1	1.044	标准普尔 500 指数_ 1	0.92
40	深证成指_5	1.043	标准普尔 500 指数_ 2	0.912
41	深证成指_1	1.032	标准普尔 500 指数_ 3	0.901
42	标准普尔 500 指数_ 2	1.025	深证成指_ 5	0.899
43	标准普尔 500 指数_3	1.007	标准普尔 500 指数_ 4	0.892
44	标准普尔 500 指数_4	0.999	深证成指_ 1	0.887
45	标准普尔 500 指数_5	0.984	标准普尔 500 指数_ 5	0.885
46	上证综指_ 4	0.454	上证综指_ 4	0.356

续表

序号	属性	近邻互信息值（2010～2011年）	属性	近邻互信息值（2012～2013年）
47	上证综指_5	0.446	上证综指_2	0.355
48	上证综指_2	0.436	上证综指_5	0.354
49	上证综指_3	0.428	上证综指_1	0.35
50	上证综指_1	0.417	上证综指_3	0.344

从表5-3中对于两段数据的计算结果可以看出，与日经225指数近邻互信息由强到弱的前20数据集信息依次为日经225指数滞后5天历史数据信息、道琼斯指数、法兰克福指数和香港恒生指数。作为亚洲最成熟证券市场的代表性综合指数，日经225指数不仅与欧美发达地区的综合性股票指数数据关联密切，而且也和香港恒生指数有着很强的联动效应，体现了市场较高的成熟度和开放程度。本节分别选取了表5-3中的前10个和前20个属性作为SVM的高维输入变量，构建日经225指数的预测模型SVM（10）-GARCH和SVM（20）-GARCH，并得到相应的预测结果。

本节分别对ARMA、SVM（10）和SVM（20）的收益率预测残差序列进行了滞后5期的ARCH-LM检验。表5-4给出ARMA（p，q）和SVM两段日经225指数日收益率数据回归残差序列的ARCH-LM检验结果，表中的检验统计量$LM=TR^2$和对应的概率几乎全部为0，拒绝了残差序列中不存在异方差性的原假设，即两段日经225指数收益率序列在经过不同的线性和非线性回归后的残差项中均存在明显的异方差效应。因此在构建ARMA模型和SVM模型对上述时间序列数据进行回归分析时，需要加入GARCH模型对其回归预测结果的残差平方进行进一步的处理，同时估计基于两段不同时间序列数据集的ARMA-GARCH模型和SVM-GARCH模型的相关参数，得到表5-5中的模型对应参数结果。将表中消除了时间序列数据异方差特性后的参数估计结果代入ARMA-GARCH方程和SVM-GARCH方程，可分别得到对应的线性模型和非线性模型的条件均值方程和方差方程。本节以日经225指数2010～2011年段数据为例将上述得到的参数估计结果代入不同的预测模型，分别得到股指日收益率序列数据的ARMA-GARCH、SVM（10）-GARCH及SVM（20）-GARCH的条件均值方程及条件方差方程。

日经225指数ARMA（2，3）-GARCH（1，1）模型的条件均值方程和方差

方程分别为

$$y_t = 0.0011 - 0.5872y_{t-1} - 0.8319y_{t-2} + 0.6031u_{t-1} + 0.8804u_{t-2} + 0.1058u_{t-3} \quad (5\text{-}7)$$

$$\sigma_t^2 = 6.4373 \times 10^{-5} + 0.2149u_{t-1}^2 + 0.4276\sigma_{t-1}^2 \quad (5\text{-}8)$$

SVM (10)-GARCH (1, 1) 模型的条件均值方程和方差方程分别为

$$y_t = 1.9607 \times 10^{-4} + 0.7279f(X) - 0.0321u_{t-1} - 0.0262u_{t-2} + 0.0315u_{t-3} \quad (5\text{-}9)$$

$$\sigma_t^2 = 8.2506 \times 10^{-5} + 0.1944u_{t-1}^2 + 0.2343\sigma_{t-1}^2 \quad (5\text{-}10)$$

SVM (20)-GARCH (1, 1) 模型的条件均值方程和方差方程分别为

$$y_t = 3.1487 \times 10^{-4} + 0.9362f(X) - 0.0484u_{t-1} - 0.0047u_{t-2} + 0.0258u_{t-3} \quad (5\text{-}11)$$

$$\sigma_t^2 = 9.9322 \times 10^{-5} + 0.2458u_{t-1}^2 + 0.1031\sigma_{t-1}^2 \quad (5\text{-}12)$$

表 5-4　ARCH-LM 检验结果

变量	t 统计量	ARMA 模型		SVM (10)-GARCH 模型		SVM (20)-GARCH 模型	
		显著性水平(临界值)	Pro. b	显著性水平(临界值)	Pro. b	显著性水平(临界值)	Pro. b
日经 225 指数 (2010 ~ 2011 年)	F-statistic	17.589 25	0.000 0	7.243 132	0.000 0	10.151 52	0.000 0
	Obs * R^2	126.974 1	0.000 0	63.321 43	0.000 0	83.759 86	0.000 0
日经 225 指数 (2012 ~ 2013 年)	F-statistic	5.003 374	0.000 0	3.784 307	0.000 1	3.168 735	0.001 0
	Obs * R^2	45.878 71	0.000 0	32.262 04	0.000 2	27.346 36	0.001 2

表 5-5　模型参数估计结果

数据集	模型	c	AR (1)	AR (2)	MA (1) / ε_1	MA (2) / ε_2
日经 225 指数 (2010 ~ 2011 年)	ARMA-GARCH	0.0011	-0.5872	-0.8319	0.6031	0.8804
	SVM (10)-GARCH	1.9607E-4	NA	NA	-0.0321	-0.0262
	SVM (20)-GARCH	3.1487E-4	NA	NA	-0.0484	-0.0047
日经 225 指数 (2012 ~ 2013 年)	ARMA-GARCH	0.0027	-0.6773	-0.9438	0.6807	1.0000
	SVM (10)-GARCH	1.2253E-4	NA	NA	-0.0390	-0.0266
	SVM (20)-GARCH	1.2283E-4	NA	NA	0.0552	0.0491

续表

数据集	模型	MA (3) / ε_3	K	ARCH (1)	GARCH (1)	SVM
日经225指数（2010～2011年）	ARMA-GARCH	0.1058	6.4373E-5	0.2149	0.4276	NA
	SVM (10)-GARCH	0.0315	8.2506E-5	0.1944	0.2343	0.7279
	SVM (20)-GARCH	0.0258	9.9322E-5	0.2458	0.1031	0.9362
日经225指数（2012～2013年）	ARMA-GARCH	NA	2.6529E-6	0.0608	0.9265	NA
	SVM (10)-GARCH	NA	1.5870E-6	0.0561	0.9367	0.8520
	SVM (20)-GARCH	NA	1.4046E-6	0.0521	0.9418	0.8670

注：NA表示空值。

表5-5列出的参数在95%置信水平下均是高度显著的。两段数据的ARMA方程中 p 的取值均为2，q 的取值分别为2和3，说明受各种因素影响，市场交易行为对于历史数据信息的理解一般需要2～3天的时间。SVM方程的系数都很大，说明了SVM在分析高维非线性的面板时序数据时的适用性，也体现了其在新的SVM-GARCH模型中的重要地位。ARCH（1）和GARCH（1）的系数均为正值，而且每对ARCH（1）项和GARCH（1）项的系数和都小于1，可以认为股指的收益率波动序列具有有限的方差。到此对于两阶段日经225指数时序数据测试集的ARMA-GARCH方程和SVM-GARCH方程均已建立完毕。而且本节又对得到的模型分别做了1阶滞后、10阶滞后和20阶滞后的残差估计，得到针对估计结果的两个统计量F-statistic和Obs * R^2 都不显著，检验结果接受了不存在异方差的原假设，即模型中已经不再有异方差了，可以认为模型的构建是完全合理的。

5.2.3 实证结果分析

为检验模型的预测准确性，本节以两段日经225指数的日收益率时间序列的后10%作为测试集，展开对ARMA-GARCH模型和两种不同的特征选择后的SVM-GARCH模型的实证比较研究，图5-1～图5-4分别显示预测模型在不同测试数据集上预测结果的时序图和散点图。从一系列时序图中可看出，两个模型的预测结果均较好地拟合了收益序列的真实值，但SVM-GARCH模型对于不同测试数据集的预测结果在数据变化趋势及波动幅度方面均更加贴近真实收益率数值的变化情况。说明SVM-GARCH模型能够更好地分析处理收益率时间序列数据中所包含的非线性因素，而且也证实了当前全球经济一体化环境下的周边金融市场信息对于目标市场收益变动日益显著的影响作用。而本节恰恰利用了SVM所具有的处理高维非线性数据的特性，在利用近邻互信息技术进行输入特征选择的基础之上，科学有效地融合了自身历史数据信息和周边市场变化信息，并结合GARCH模型对预测结果进行了异方差的处理，进一步提高了预测结果的精确性和稳定性。另外，从不同模型预测结果的散点图也可以清晰地看出，SVM-GARCH模型的预测结果更加接近 $R^2=1$ 的最佳回归线，而ARMA-GARC模型的预测结果则分布得更加分散。以图5-1（b）的散点图为例，SVM（10）-GARCH模型对于真实收益率数据中的方差解释能力由ARMA-GARCH模型的0.7415提高到了0.8696，表明SVM-GARCH模型显著地改善了预测模型对于时序数据的分析和预测能力。

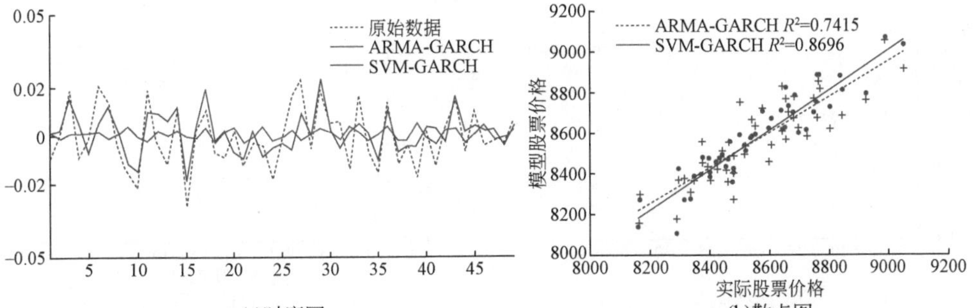

(a)时序图　(b)散点图

图5-1　2010～2011年日收益率数据SVM（10）-GARCH模型预测结果

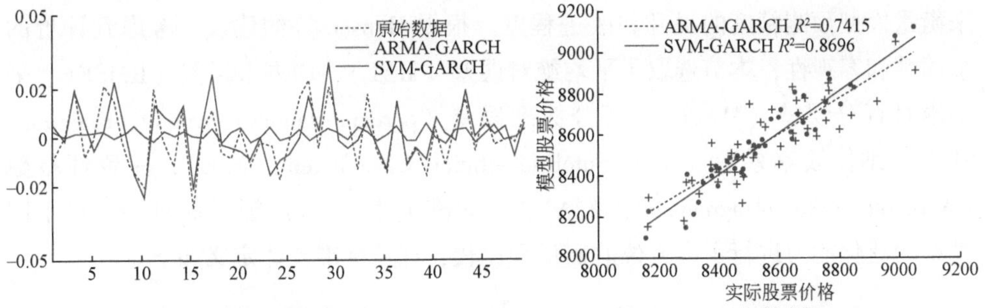

(a)时序图　(b)散点图

图5-2　2010～2011年日收益率数据SVM（20）-GARCH模型预测结果

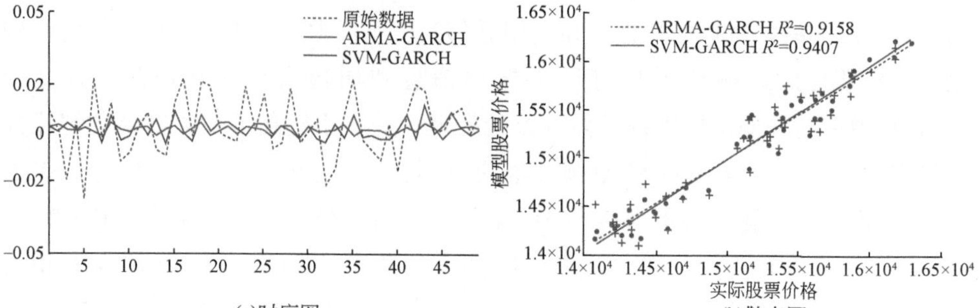

(a)时序图 (b)散点图

图 5-3 2012～2013 年日收益率数据 SVM（10）-GARCH 模型预测结果

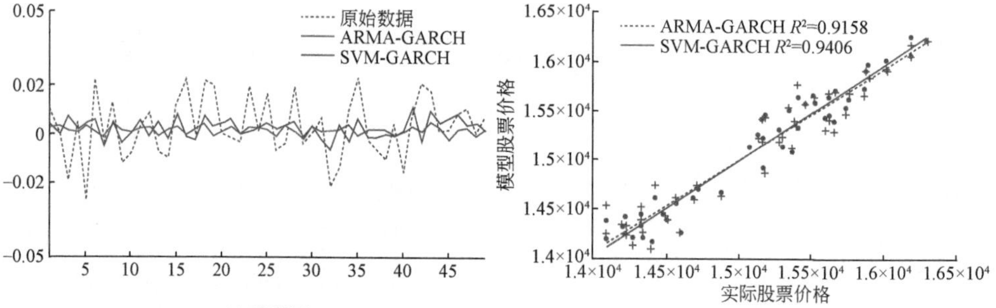

(a)时序图 (b)散点图

图 5-4 2012～2013 年日收益率数据 SVM（20）-GARCH 模型预测结果

为了进一步证实模型的预测能力，本节还利用了一系列评价标准从不同角度来衡量模型预测精度的提升和改进程度。根据 Hansen 等的建议，考虑到评价的全面性和客观性，本节选取了平均绝对误差（MAE）、均方根误差（RMSE）、平均绝对百分误差（MAPE）、百分标准误差（percent standard error of prediction，SEP）、纳什效率系数（Nash- Sutcliffe efficiency coefficient，NSE）、一致性指数（Willmott's index of agreement，WIA）、方向准确率（DA）等一系列标准对不同模型的泛化能力进行了全方位的衡量和比较，评价标准具体定义如下。

$$\mathrm{MAE} = \frac{1}{l}\sum_{i=1}^{l} |a_i - y_i| \tag{5-13}$$

$$\mathrm{RMSE} = \sqrt{\frac{1}{l}\sum_{i=1}^{l} (a_i - y_i)^2} \tag{5-14}$$

$$\mathrm{MAPE} = \frac{100}{l}\sum_{i=1}^{l} \left|\frac{a_i - y_i}{y_i}\right| \tag{5-15}$$

$$\mathrm{SEP} = \frac{100}{\bar{y}}\mathrm{RMSE} \tag{5-16}$$

$$\mathrm{NSE} = 1.0 - \frac{\sum_{i=1}^{n} |a_i - y_i|^2}{\sum_{i=1}^{n} |a_i - \bar{a}|^2} \tag{5-17}$$

$$\mathrm{WIA} = 1 - \frac{\sum_{i=1}^{l} (a_i - y_i)^2}{\sum_{i=1}^{l} (|a_i - \bar{y}| + |y_i - \bar{y}|)^2} \tag{5-18}$$

$$\mathrm{DA} = \frac{1}{l}\sum_{i=1}^{l} \omega_i \tag{5-19}$$

式中，若（$y_{i+1}-y_i$）（$a_{i+1}-y_i$）>0，则$w_i=1$，否则$w_i=0$；a_i和y_i分别表示模型的真实值和预测值。通常，MAE、RMSE、SEP及MAPE的值越小表明模型的预测值与真实值更加接近，也就说明模型预测精度更高。NSE表示模型的预测能力高低，当预测值与真实值完全相等时NSE取最大值1，而WIA及DA反映了模型预测结果与真实值的一致程度，以及对于未来时序数据变化趋势的判别能力，NSE、WIA和DA的值越大，则表明模型的预测能力越强、精度越高。

表5-6中分别列出了三种方法ARMA-GARCH模型、SVM（10）-GARCH模型及SVM（20）-GARCH模型在不同阶段股指数据测试集上预测的比较结果。从表中各种评价指标的数据可以直观地看出，经过特征选择的SVM-GARCH模型均表现出更加优异的性能。以2010～2011年数据为例，MAE统计值从ARMA-GARCH模型预测结果的85.991 53陡降为SVM（10）-GARCH模型的63.743 92及SVM（20）-GARCH模型的59.204 12，降低比例超过25%，其他指标RMSE、MAPE、SEP等也有显著的改善，说明SVM-GARCH模型对于基准模型预测性能的提高表现得十分突出。另外，由于SVM-GARCH模型在均值方程中用SVM替代了线性自回归，改善了模型对于时序数据高维非线性成分的分析和处理能力，并通过融合周边市场信息的方式更加全面地表达了全球经济一体化环境下影响股票价格时序数据收益和波动的复杂性综合因素，SVM-GARCH模型对于不同的测试集在一致性（WIA）尤其是在对于预测结果更为重要的方向性判别（DA）方面均体现了一致趋优的良好性能。结果再次说明面对非线性特征显著的收益率时间序列预测问题，SVM-GARCH模型能够很好地克服传统ARMA-GARCH模型对于时间序列数据线性结构假设的缺陷，充分挖掘时序数据内部的非线性特征。通

过近邻互信息计算公式对于周边市场收益数据相关性强弱的筛选，不仅有效利用了 SVM 处理高维数据的特性，而且还科学地表达了新的经济环境下，周边市场信息对于目标金融市场走势及波动的影响，更准确地把握股票市场价格行为的变化规律，很大程度上弥补了传统 ARMA-GARCH 模型仅仅分析单变量股票价格历史数据信息不够全面的缺陷，提高了模型预测的准确性和鲁棒性。

表 5-6　评价指标统计结果

数据集	模型	MAE	RMSE	MAPE	SEP
日经 225 指数（2010～2011 年）	ARMA（2，2）-GARCH（1，1）	85.991 53	105.500 37	1.000 48	1.232 51
	SVM（10）-GARCH（1，1）	63.743 92	77.142 84	0.744 69	0.901 22
	SVM（20）-GARCH（1，1）	59.204 12	72.035 97	0.690 85	0.841 52
日经 225 指数（2012～2013 年）	ARMA（2，2）-GARCH（1，1）	145.249 51	182.726 68	0.965 22	1.207 18
	SVM（10）-GARCH（1，1）	133.613 44	171.856 05	0.889 11	1.135 36
	SVM（20）-GARCH（1，1）	137.814 94	174.727 57	0.916 75	1.154 33

数据集	模型	NSE	WIA	DA
日经 225 指数（2010～2011 年）	ARMA（2，2）-GARCH（1，1）	0.715 63	0.925 57	0.632 65
	SVM（10）-GARCH（1，1）	0.847 95	0.962 76	0.652 24
	SVM（20）-GARCH（1，1）	0.867 42	0.968 51	0.714 29
日经 225 指数（2012～2013 年）	ARMA（2，2）-GARCH（1，1）	0.914 78	0.977 57	0.551 02
	SVM（10）-GARCH（1，1）	0.924 62	0.980 35	0.632 65
	SVM（20）-GARCH（1，1）	0.999 87	0.999 97	0.653 06

5.3　本章小结

影响股票市场的因素很多，而且随着全球经济一体化趋势的不断加强，不同区域金融市场之间的联动关系和传染效应表现得越来越显著，进一步增强了股指收益率时序数据的高维复杂性特征。因此通过构建模型对未来股票收益率时间序列进行预测时，不能只关注单变量时序数据本身所包含的有限信息，而是要赋予市场主体一些特定的行为模式及学习机制，并强调真实的开放市场环境下所有参与对象之间的微观交互，充分挖掘与目标股指数据关系密切的周边证券市场的相关变化信息，进而增强模型对于宏观市场运行规律的学习能力。基于此，本章提出了一种基于近邻互信息特征选择的 SVM-GARCH 预测模型，新的模型充分利用

SVM 处理高维面板数据的优势，在考虑股指收益率自身历史数据信息的基础上，还借助近邻互信息技术科学有效地融合了真实市场环境下影响目标市场收益率的周边金融市场变化信息。该模型不仅改进了传统线性仿真模型的设计，增强了模型分析收益率时间序列数据非线性复杂结构的能力，还通过与 GARCH 模型结合改进了 SVM 模型处理预测结果残差序列中异方差效应的不足，使得模型更加贴近了真实的市场环境。对于不同阶段日经 225 指数日收益率数据的数值仿真实验表明，基于近邻互信息特征选择的 SVM-GARCH 模型更加充分地表达了影响股指收益率波动的综合市场因素，在对于时序数据未来变化趋势判别、数据除噪及预测精确度等多方面均优于传统的 ARMA-GARCH 模型。该方法进一步丰富了计算实验金融研究领域中关于金融时序数据分析预测的方法和措施，对于金融市场风险预警体系的完善及投资决策的辅助设计均有一定的借鉴意义。

将非线性技术与现代金融理论相结合，是当前金融理论研究的热点之一。本章紧跟这一热点，对金融时序数据的预测性研究做了一些有益的探索。旨在从数据驱动的角度出发，融合金融时序数据内在特点的基础上增强预测模型对于时序数据的解读能力，进而提高模型的预测精度。但是在金融市场发生大规模突发性事件的环境下，金融时序数据震荡或反转突变情况会大幅增加时，金融时序历史数据的相关信息对于模型预测精度提高的指导意义就会大打折扣，以数据信息驱动的预测模型的适应性就会受到一定程度的影响。本书希望在未来的后续研究工作中继续深入分析特殊市场环境下的时序数据形态和特征，使得模型能够满足特殊事件驱动的时序数据预测精度要求，为投资策略选择及市场金融监管提供有效的决策辅助信息。

第 6 章　基于 ARIMA 和时间测地线距离 SVM 的股票价格时序数据混合预测模型

对于金融市场决策而言，金融时间序列的分析预测扮演着越来越重要的角色。但通常的分析预测模型没有考虑金融时间序列数据内部的时间相关性问题，这在很大程度上影响了预测模型精度的进一步提高。本章提出了一种新的股票价格混合预测模型，分别用 ARIMA 和基于时间测地线距离的 SVM 处理金融时序的线性和非线性成分。实验表明，该混合模型可以有效克服传统 SVM 核函数利用欧式距离表征时序数据相关性的不足，从而显著提高组合模型的预测精度。

时间序列的预测就是通过收集、分析过去时间点的观测值，使用模型刻画其内在的联系并预测未来的数值。而金融时间序列的研究则因为其对于投资者和金融决策的特殊意义而成为近年来时间序列预测领域的研究热点。但是，金融时序数据尤其是被视为经济状况晴雨表的股票价格数据，由于受到诸如宏观经济、政策制定、公司制度、商品价格、利率汇率及投资者的风险偏好和心理变化等因素的影响，具有高度的非线性动态复杂性，而且股价的波动具有聚集效应，一般不满足正态分布的假设。大量研究文献表明，无论是传统的线性假设预测方法还是后来发展起来的非线性人工智能算法，单一的分析预测模型尚不足以辨别和处理时序数据的全部特征。因此，出现了大量组合了线性和非线性方法的混合预测模型，实证研究表明混合模型在一定程度上提高了时序预测的精度。但文献研究表明，现行的预测模型中大多没有提出针对时序数据的特性分析研究，在一定程度上影响了时序数据预测模型精度的进一步提高。为了解决这一问题，本章提出了一种基于 ARIMA 和时间测地线距离 SVM 的股票价格混合预测模型，旨在融合金融时序数据时间相关性经验知识的基础上改善混合模型的自学能力，提高预测模型的准确性和有效性。

6.1　时间相关性经验知识

目前股票价格预测研究的方法有很多，Wang 等[124]指出，预测方法研究大体可以划为两类：统计类模型和人工智能模型。常用的统计类模型有指数平滑、自回归移动平均及广义自回归条件异方差等。其中，ARIMA 模型已经成为研究一维金融数据预测问题最为常用的方法。但是，ARIMA 方法仅是一种线性模型，而对于金融时间序列数据中非线性的特征缺乏相应的分析和处理能力[50,167]。为了克服这一问题，大量的非线性方法被广泛地应用到金融时序数据的分析和预测工作中来，其中尤其是 SVM 展示出了优于其他方法的突出性能。然而大量文献表明单一的预测模型在不同的应用条件下预测结果差异很大[168]，而同样情况下混合模型则体现了较强的稳定性[169-171]。因此，通过组合线性和非线性方法来处理具有不同维度的混合时间序列数据的预测模型研究有了很快的发展。程昌品等[171]指出常用的股票价格预测方法各有优缺点，提出了一种二进正交小波变换和 ARIMA-SVM 方法的时间序列数据预测混合模型，并实验证明了组合模型较单一的预测模型效果更为理想。Zhang[51]提出了一种混合金融时序预测模型，分别用 ARIMA 和 ANN 处理时序数据的线性和非线性成分，实验结果证实了混合模型较之单个模型的优越性。由于 ANN 在处理时序数据的非线性成分时容易受到局部最小值和过拟合等因素的影响，Pai 和 Lin[125]构造了基于 ARIMA 和 SVM 的混合模型，利用 SVM 处理时序数据的非线性成分，对于 10 支选取的股票价格数据的仿真实验表明该混合算法能够充分发挥单个模型（ARIMA、SVM）对于时序数据线性特征和非线性特征的分析处理能力，从而提高混合模型的预测精度。Nie 等[103]也提出了基于 ARIMA 和 SVM 的混合算法用于预测短期借贷时序数据，实验结果表明 SVM 有效地提取到了数据中的敏感信息，提高了趋势预测的精度。另外，Wang 和 Meng[172]及 Zhu 和 Wei[104]也提出了类似的混合模型用于预测期权收益和碳价格时序数据，实证结果均证实了 ARIMA 和 SVM 的混合预测模型能够更加充分地分析和处理时序数据，从而提高模型预测的准确性和有效性。但在上述的模型中，在运用 SVM 分析金融时间序列时并未考虑到金融时间序列自身数据点之间的特殊性。金融时序不同相邻关系数据点之间的相互关系是不同的，随着邻近关系的变化，点与点之间的关系是在不断发生变化的，我们把这种关系称之为金融时间序列数据的内在时间相关性经验知识。然而 SVM 中使用欧式距离表征向量之间不同关系的方式并不能够科学、真实地表达金融时序数据内部之间不同的时间相关性特点，这在一定程度上影响了 SVM 的泛化能力，降低了模型预测时序数据的准确性。基于此，本章提出了一种新的基于 ARIMA 和时间测地线距离 SVM 的混合预测模型，旨在提高混合预测模型分析、处理数据的综合能力。

6.2 基础模型介绍

ARIMA 方法由 Box 在 1970 年引入以来已经成为对现代时间序列分析预测产生深远影响的一种模型。在 ARIMA 模型中，所处理的数据要求是平稳的，则其对于未来的预测可以通过其过去时间的数值及误差的线性方程予以实现。假定 $X=\{x_i,\ i=1,\ 2,\ \cdots,\ N\}$ 是一个时间序列，则 ARIMA$(p,\ d,\ q)$ 模型可以描述为

$$\hat{l}_t=\theta_0+\varphi_1x_{t-1}+\varphi_2x_{t-2}+\cdots+\varphi_px_{t-p}-\varepsilon_t-\theta_1\varepsilon_{t-1}-\theta_2\varepsilon_{t-2}-\cdots-\theta_q\varepsilon_{t-q}$$

式中，p、d、q 要求非负，分别表示自回归的阶数、差分阶数及移动平均的阶数；x_t 表示真实值；$\hat{l}_t$ 表示 x_t 的预测值；ε_t 表示预测的误差值；φ 和 θ 表示待估计的参数值。

SVM 最早于 1995 年由 Vapnik 提出，是一种以统计学习理论为基础的新型的机器学习算法，由于其算法是最小化结构风险，因此与传统机器学习方法相比，可以克服过拟合的问题，并且应用于众多领域，表现出泛化能力强、训练样本少的优点。

金融时间序列是一种特殊的时间序列，不同的数据点之间有着不同的相互关系。时间间隔越小的点之间的相互关系就越强，即时序中某个数据点更容易受到与其前后相邻的数据点的影响，我们把这种关系称之为金融时序数据间的时间相关性。然而在 SVM 中则是采用欧式距离来判断不同实例之间的相互关系，显然这种表示方式并不能够真实地反映时序数据点之间不同的相互依赖关系，也就影响了 SVM 分析和处理时序数据时的泛化能力。Tenenbaum 等[173]提出了测地线距离的概念，如图 6-1（a）所示，非线性流形上存在两个随机的点（空心圆点所示）与测地线距离（实曲线所示）比较而言，它们之间的欧式距离（红线所示）并没有能够真实地反映两个数据点之间的内在相似性或真实的相关性。在实际的应用中两个点之间的测地线距离可以采用邻近点或邻域内点之间的欧式距离的和来实现近似表达，如图 6-1（b）中的线段连线（蓝线）所示。

假设高维金融时序数据在时间维度上存在流形，则我们可定义时间测地线距离（time geodesic distance，TGD），假定 $P=\{p_1,\ p_2,\ \cdots,\ p_n\}$ 是连接 p_1 和 p_n 的路径。路径的长度 $d(p)$ 表示为

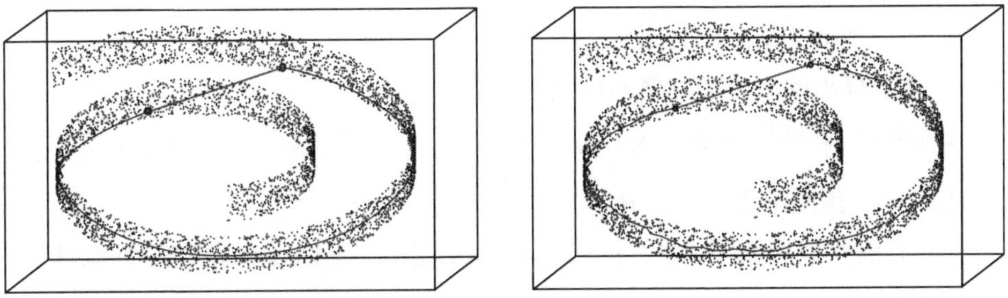

(a)欧式距离和测地线距离　　　　(b)两点间近似测地线距离

图 6-1　测地线距离及其求解示意图

$$d(p) = \sum_{i=1}^{n} \| p_i - p_{i-1} \| \tag{6-1}$$

式中，$\| \cdot \|$ 表示欧式空间中的范式。假设 $X = \{x_i, i = 1, 2, \cdots, N\}$ 是一个时间序列，点 p 到点 q 的时间测地线距离 d_{TG} 定义为 $d_{\mathrm{TG}}(p, q) = \inf\{d(P)\}$，$P$ 表示由 p 到 q 在时间维度上的路径。

若函数 K：$X \times X \rightarrow R^N$ 且 $x_1, \cdots, x_l \in X$，其所对应的 Gram 矩阵 $(\Omega)_{N\times N}$：$= [K(x_i, x_j)]_{N\times N} > 0$，其中 $K(x_1, x_2) = d_{\mathrm{GT}}\{\phi[x_1, \phi(x_2)]\}$，$x_1, x_2 \in X$，则函数 K 称之为时间测地线核函数。

6.3　混合预测模型构造

大量的研究表明同时具有线性和非线性处理能力的混合预测模型能够较为全面地分析和处理具有高维复杂度的金融时序预测问题。考虑到不同模型处理不同维度时序数据的能力差异，首先用 ARIMA 处理一维的金融时间序列并且得到线性预测结果和相应的残差序列；其次利用基于时间测地线距离的 SVM 在影响金融时间序列的面板数据上进一步分析、预测残差序列中的非线性因素；最后组合两部分预测结果作为对于目标金融时序的最终预测结果。给定时间序列 $X = \{x_1, i = 1, 2, \cdots, N\}$ 由线性和非线性两部分构成，$x_i = l_i + nl_i$。该模型首先通过 ARIMA 处理一维金融时序数据并得到一个线性预测结果的时间序列 $\hat{l}_i$ 和残差的时间序列 $\delta_i = x_i - \hat{l}_i$，其次通过构建基于高维面板数据的具有多输入（影响时序数据的其他因素）和单输出（残差序列）的有监督学习机（TGD-SVM）进一步处理残差时间序列，并得到一组非线性预测结果的时间序列 $n\hat{l}_i$ ，最后组合线性和非线性预测的结果即为最终的时间序列预测结果 $\hat{x}_i = \hat{l}_i + n\hat{l}_i$ 。基于以上分析，本章所提出的混合预测模型可归纳如下。

Require：训练样本集 $\{(x_i)\}_{i=1}^{t}$ 和 $\{\mathrm{Th}_i\}_{i=1}^{t}$ ，其中 $x_i \in R$ ， $Th_i \in R^N$ 。

Ensure：预测结果 $\hat{x}_{t+1} \in R$ 。

1）在时序数据集 $\{x_i\}_{i=1}^{t}$ 上训练 ARIMA 模型，根据 AIC 和 SBC 准则选择参数 p 、d 和 q 。

2）使用训练好的 ARIMA 模型对 $\{x_i\}_{i=1}^{t}$ 进行线性估计，得到估计结果 $\{\hat{l}_i\}_{i=1}^{t}$ 。

3）使用训练好的 ARIMA 模型得到一步线性预测结果 $\hat{l}_{t+1}$ 。

4）根据公式 $\delta_i = x_i - \hat{l}_i$ ，计算得到余项 $\{\delta_i\}_{i=1}^{t}$ ，该序列表示时序数据 $\{x_i\}_{i=1}^{t}$ 的非线性部分。

5）形成新的非线性训练集 $\{(Th, \delta)_i\}_{i=1}^{t}$ ，根据非线性训练集输入变量构造邻接图，若点 Th_i 和点 Th_j 之间在时间维度上小于 λ ，或点 Th_i 是距离点 Th_j 最近的 k 个点之一，则通过一条边相互连接。设边的长度为 $d_{\mathrm{TG}}(i, j)$ 。

6）对于每个样本点 Th_k，$k = 1, 2, \cdots, t$ ，利用公式 $\min\{d_{\mathrm{TG}}(i, j), d_{\mathrm{TG}}(i, k) + d_{\mathrm{TG}}(k, j)\}$ 计算最短路径 $d_{\mathrm{TG}}(i, j)$ ，形成最短路径矩阵 $D_{\mathrm{TG}} = \{d_{\mathrm{TG}}(x, j)\}$ 。

7）在 SVM 模型中使用时间测地线距离代替原有的欧式距离，然后在训练数据集 $\{(Th, \delta)_i\}_{i=1}^{t}$ 上训练 SVM。

8）使用训练好的 SVM 模型以 Th_{t+1} 为输入得到 δ_{t+1} 的预测结果 $n\hat{l}_{t+1}$ 。

9）应用公式 $x_i = \hat{l}_i + n\hat{l}_i$ 计算得到最终预测结果 $x_{t+1} = \hat{l}_{t+1} + n\hat{l}_{t+1}$ 。

6.4 实证研究

6.4.1 数据选取及预处理

为了验证预测模型的有效性，本节随机选取了国泰安数据库中几支股票（工商银行、中国联通、平安保险、浦发银行、中国石油）的日收盘价作为仿真实验数据集。数据选取范围为2014年1月2日开始的323个连续日收盘价数据。数据集中训练集与测试集划分情况见表6-1，其中选取不同数据集的90%作为模型的训练数据集，用于模型参数的估计；剩余的10%数据作为样本外测试集，用于模型泛化能力的测试与检验。每只股票收盘价时间序列的统计特性描述见表6-2，从表6-2可以看出个股时间序列数据由于受到众多综合因素的影响，均表现出了正偏态和尖峰厚尾的现象，是典型的非平稳时间序列。因此在分析预测具有高维复杂性的金融时序数据时，选择综合线性算法和非线性算法的混合模型较之单个模型更为合理。混合模型中非线性算法的输入变量的选取对于预测模型的泛化能力有着显著的影响。考虑到股票市场中技术指标的重要性，本节根据相关文献的研究在利用非线性算法处理非线性预测部分时，选取13个常用技术分析指标作为算法的输入变量，包括：MACD、BOLL20、MTM10、W% R10、PSY12、VR26、CR26、AR26、BR26及PDI14、MDI14、RSI6、ROC12，涵盖市场趋势指标（MACD、MDI14等）、市场能量指标（RSI6、VR26等）、波动性指标（W% R10等）及人气指标（PSY12、AR26、BR26等）[174-176]。

表6-1　数据集划分

股票代码	股票名称	起始日期	终止日期	样本数量
601398	工商银行	2014-01-02	2015-03-16	291
600050	中国联通	2014-01-02	2015-03-16	291
601318	平安保险	2014-01-02	2015-03-17	291
600000	浦发银行	2014-01-02	2015-03-17	291
601857	中国石油	2014-01-02	2015-03-16	291
601398	工商银行	2015-03-17	2015-04-30	32
600050	中国联通	2015-03-17	2015-04-30	32
601318	平安保险	2015-03-18	2015-05-04	32
600000	浦发银行	2015-03-18	2015-04-30	32
601857	中国石油	2015-03-17	2015-04-30	32

表6-2　数据集统计特性描述

项目	工商银行	中国联通	平安保险	浦发银行	中国石油
均值	3. 885 232	3. 979 505	50. 767 18	11. 394 80	8. 859 907
中位数	3. 550 000	3. 510 000	42. 100 00	9. 760 000	7. 790 000

续表

项目	工商银行	中国联通	平安保险	浦发银行	中国石油
最大值	5.640 000	10.540 00	90.800 00	18.650 00	14.650 00
最小值	3.230 000	2.980 000	36.000 00	8.440 000	7.470 000
标准差	0.617 291	1.243 641	15.863 69	2.817 862	1.868 648
偏度	1.150 346	2.385 460	1.057 668	1.047 403	1.190 536
峰度	3.059 302	10.263 44	3.574 500	3.660 752	2.903 892

6.4.2 实证结果分析

SVM 中核函数选取高斯核函数（RBF），在 TGD-SVM 中得到新的基于测地线距离的高斯核函数 [$K_{TG}(x_i,\ x_j)=\exp(-d_{TG}/\sigma^2]$，TGD-RBF），算法参数设定见表 6-3。为衡量算法的有效性，本节使用平均绝对误差（MAE）、均方根误差（RMSE）、一致性指数（WIA）、平均绝对百分误差（MAPE）、纳什效率系数（NSE）和百分标准误差（SEP）来评价所提出的混合预测算法的泛化能力，它们具体的表达式分别如下定义：

$$\mathrm{MAE}=\frac{1}{l}\sum_{i=1}^{l}|a_i-y_i| \tag{6-2}$$

$$\mathrm{RMSE}=\sqrt{\frac{1}{l}\sum_{i=1}^{l}(a_i-y_i)^2} \tag{6-3}$$

$$\mathrm{MAPE}=\frac{100}{l}\sum_{i=1}^{l}\left|\frac{a_i-y_i}{y_i}\right| \tag{6-4}$$

$$\mathrm{SEP}=\frac{100}{\bar{y}}\mathrm{RMSE} \tag{6-5}$$

$$\mathrm{NSE}=1.0-\frac{\sum_{i=1}^{n}|a_i-y_i|^2}{\sum_{i=1}^{n}|a_i-\bar{a}|^2} \tag{6-6}$$

$$\mathrm{WIA}=1-\frac{\sum_{i=1}^{l}(a_i-y_i)^2}{\sum_{i=1}^{l}(|a_i-\bar{y}|+|y_i-\bar{y}|)^2} \tag{6-7}$$

式中，$a'_i = a_i - \bar{a}$，$y'_i = y_i - \bar{a}$，$\bar{a} = \frac{1}{l}\sum_{i=1}^{l} a_i$；$a_i$ 和 y_i 分别表示真实值和预测值；$\bar{a}$ 和 $\bar{y}$ 分别表示真实值和预测值的均值。一般来说，MAE、RMSE、MAPE、SEP 值越小越好，而 WIA 及 NSE 值则越大越好。

表 6-3　模型参数设定

股票代码	股票名称	ARIMA-SVM	ARIMA-TGD-SVM
601398	工商银行	$p=3$，$d=1$，$q=3$，$c=\text{Inf}$，$\varepsilon=0.001$	$p=3$，$d=1$，$q=3$，$c=\text{Inf}$，$\varepsilon=0.001$，$\sigma=80$
600050	中国联通	$p=3$，$d=1$，$q=3$，$c=\text{Inf}$，$\varepsilon=0.001$	$p=3$，$d=1$，$q=3$，$c=\text{Inf}$，$\varepsilon=0.001$，$\sigma=90$
601318	平安保险	$p=1$，$d=1$，$q=1$，$c=\text{Inf}$，$\varepsilon=0.001$	$p=1$，$d=1$，$q=1$，$c=\text{Inf}$，$\varepsilon=0.001$，$\sigma=70$
600000	浦发银行	$p=1$，$d=1$，$q=1$，$c=\text{Inf}$，$\varepsilon=0.001$	$p=1$，$d=1$，$q=1$，$c=\text{Inf}$，$\varepsilon=0.001$，$\sigma=50$
601857	中国石油	$p=2$，$d=1$，$q=2$，$c=\text{Inf}$，$\varepsilon=0.001$	$p=2$，$d=1$，$q=2$，$c=\text{Inf}$，$\varepsilon=0.001$，$\sigma=80$

混合算法 ARIMA-SVM 和 ARIMA-TGD-SVM 在不同的时序数据集上的实验结果如图 6-2 ~ 图 6-6 所示，其综合评价指标结果见表 6-4。从不同测试集的预测结果时序图上可以直观地看出，ARIMA-TGD-SVM 对于真实值具有更高的拟合程度，尤其对某些关键的时序数据拐点的预测结果展现了较强的趋势判别能力。另外，在针对个股时序的实验结果散点图当中也可以清晰地观察到 ARIMA-TGD-SVM 混合算法预测结果的回归线更加接近于真实数据结果，表明新的混合算法对于真实时序数据的方差变动具有更好的解释能力。在散点图中若 R^2 的值等于 1，则表明预测结果完全拟合真实值。可以看出针对中国石油测试数据集的实验结果提高最为明显，R^2 的值由 0.8196 提高为 0.8813，其余数据的实验结果亦有显著的改善。表 6-4 中所列出的关于两种算法对于不同时序数据测试集的预测结果评价指标值，预测误差方面，从最常用的平均绝对误差（MEA）指标值可以看出，新的 ARIMA-TGD-SVM 混合模型对于原 ARIMA-SVM 模型在不同的测试数据集上均有了显著的改善。而在预测一致性度量指标方面，以 WIA 为例，对于不同的测试集，新的混合模型平均提高比例在 0.9% 以上，纳什效率系数也有明显的提高。实验结果均一致表明新的 ARIMA-TGD-SVM 混合模型预测的结果与真实值之间具有更高的一致性和更小的预测误差。

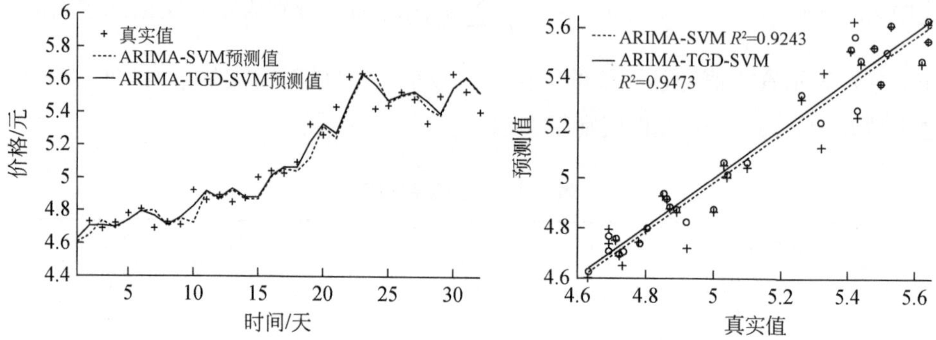

(a)时序图 (b)散点图

图 6-2　工商银行股票价格预测结果

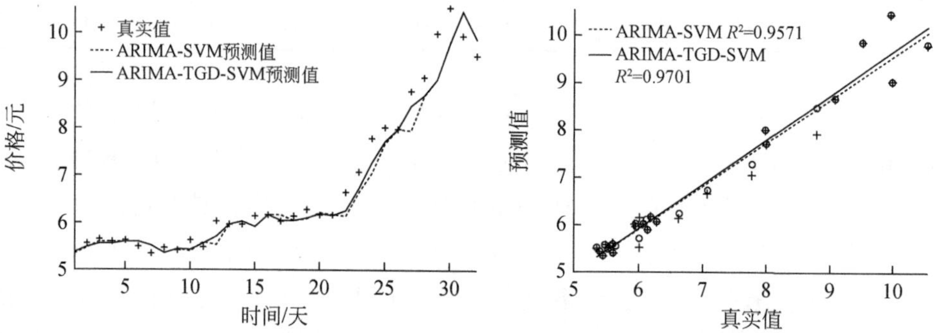

(a)时序图 (b)散点图

图 6-3　中国联通股票价格预测结果

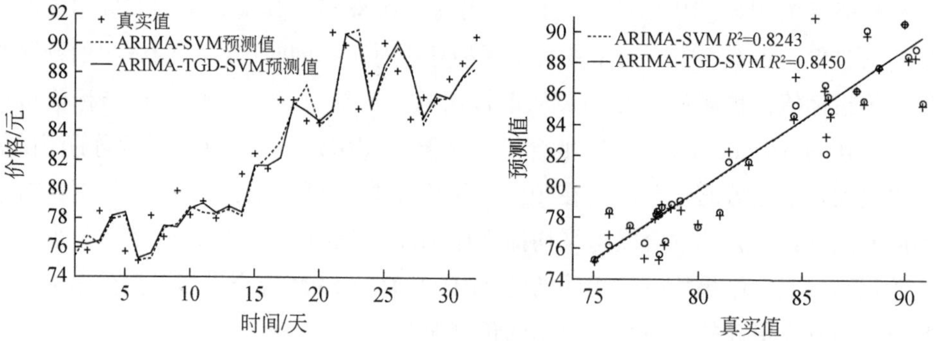

(a)时序图 (b)散点图

图 6-4　平安保险股票价格预测结果

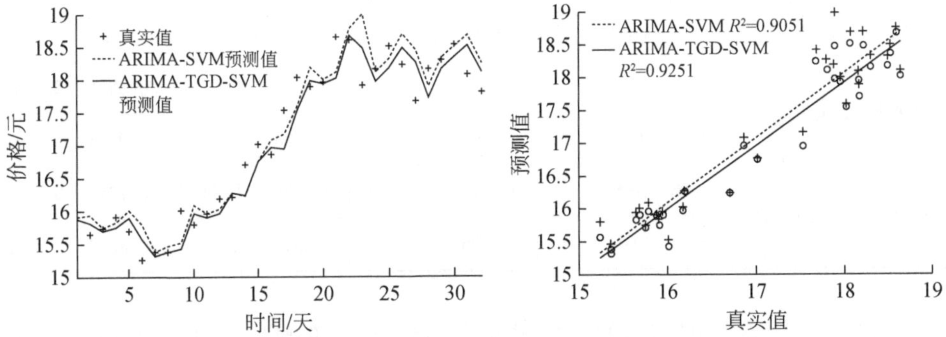

(a)时序图 (b)散点图

图6-5 浦发银行股票价格预测结果

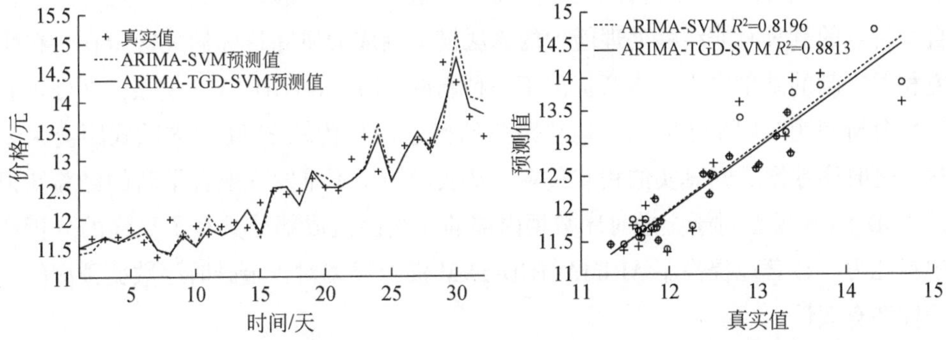

(a)时序图 (b)散点图

图6-6 中国石油股票价格预测结果

表6-4 实证结果评价指标列表

股票代码	股票名称	预测模型	MAE	RMSE	MAPE	WIA	NSE	SEP
601398	工商银行	ARIMA-SVM	0.0756	0.0965	1.4601	0.9795	0.9185	1.8953
		ARIMA-TGD-SM	0.0626	0.0784	1.1994	0.9865	0.9463	1.5349
600050	中国联通	ARIMA-SVM	0.2524	0.3673	3.3109	0.9852	0.9448	5.5515
		ARIMA-TGD-SM	0.2074	0.3012	2.7064	0.9902	0.9628	4.5259
601318	平安保险	ARIMA-SVM	1.6835	2.1881	2.0059	0.9496	0.8036	2.6547
		ARIMA-TGD-SVM	1.4952	2.0265	1.7774	0.9562	0.8315	2.4576

续表

股票代码	股票名称	预测模型	MAE	RMSE	MAPE	WIA	NSE	SEP
600000	浦发银行	ARIMA-SVM	0.2861	0.3792	1.6612	0.9737	0.8925	2.2148
		ARIMA-TGD-SVM	0.2591	0.3241	1.4968	0.9803	0.9215	1.9061
601857	中国石油	ARIMA-SVM	0.3012	0.3954	2.3458	0.9475	0.7779	3.1738
		ARIMA-TGD-SVM	0.2306	0.3040	1.8056	0.9671	0.8687	2.4455

面对具有复杂数据结构的金融时间序列数据，ARIMA 模型的处理结果只能解释金融时序数据的线性部分，因此其预测结果与真实值之间的剩余差值部分不能简单地归结为一般性质的残差或白噪声，而是应该通过适当的具有非线性分析能力的模型进行进一步分析和处理。而构造适当的、能够科学表达金融时序数据自身特点的且具有非线性处理能力的算法模型则成为研究目标的关键所在。在研究相关文献的基础之上，本章提出了一种新的 ARIMA-TGD-SVM 模型，在处理非线性分析问题时用基于时间测地线距离的概念代替传统 SVM 中的欧式距离来表达金融时序数据之间真实的相互关系。从实验结果不难发现融合了新的经验知识的 TGD-SVM 模型对于金融时序数据内部的非线性组成部分具有了更强的分析和解释能力，显著地提高了 ARIMA-TGD-SVM 混合模型对于金融时序数据预测的准确性和有效性。

6.5 本章小结

股票价格时间序列由于受到众多因素的综合影响，表现出了动态、非线性及非平稳的特性，因此金融时序数据预测的研究对于所有市场参与者来说就显得尤为重要。本章提出了一种新的 ARIMA-TGD-SVM 混合预测模型。首先用 ARIMA 分析一维金融时序数据的线性成分，其次利用 TGD-SVM 基于金融面板时序数据处理线性预测后剩余的非线性成分信息。由于在 TGD-SVM 中时间测地线距离的成功引入，克服了传统 SVM 中用欧式距离表征时序数据内部真实相互关系的不足，提高了标准 SVM 在分析金融时序数据非线性成分的能力。实验结果表明这一融合了金融时序数据相关经验知识的新的混合算法显著提高了时序预测的准确性和有效性。当然，SVM 作为一种具有多输入、单输出的有监督学习机，输入变量的选择对于算法的泛化能力至关重要。本章的研究中，SVM 的输入变量只是选取了股票市场分析中常用的一些技术指标，这在一定程度上有可能会影响预测模型精度的进一步提高。因此，如何在后续研究中构建恰当的变量选取预处理模型，以更加科学地表达影响金融市场波动和收益的综合因素，进一步提高预测模型的精度和趋势判别能力仍是下一步工作的重点。

第7章 基于ARIMA和泰勒展开的金融时序混合预测模型

面对具有高度时变性的单变量金融时序数据，研究人员提出了多种形式的混合预测模型。在这些方法当中，ARIMA 和支持向量机的混合算法得到了广泛而深入的研究，分别用 ARIMA 和 SVM 处理金融时序数据的线性成分和非线性成分。但是在这些混合模型的实际使用过程中，并未对 SVM 进行针对性的改造和重构工作。金融时序数据是一种特殊的时序数据，自身存在很强的时间相关性。在这种情况下，若只是简单地应用 SVM 来解决对于金融时序数据的非线性分析工作，会在很大程度上降低 SVM 的学习效率。为了解决这一问题，本章的研究将提出一种基于跟踪微分器的泰勒展开预测模型（Taylor expansion forecasting model，TEF），在分析金融时序数据非线性特征的同时，有效地解决预测模型对于时序数据内部数据点之间的时间相关性问题，进而提高混合模型预测结果的有效性和科学性。

近年来，利用历史数据对金融时序展开预测的工作无论是在金融投资领域还是市场管理方面均得到了广泛的关注。作为一种特殊的时序数据，金融时序数据虽然大多也都是等时间间隔采样，但其影响因素众多，包括政治、经济金融、社会及市场投资者非理性心理等因素，而且这些因素的作用机理综合复杂，使得金融时序数据呈现出高维非线性、不稳定性等特征。因此，利用各种方式方法展开的对于金融时序数据的预测性研究，被认为是现代时序数据分析预测研究领域内最复杂、最具有挑战性的一项工作[122,123]。大量研究表明，单个的模型不足以处理金融时序数据内部的复杂结构，要想深入分析其数据表象背后的客观规律，在很多情况下须得借助多种混合的方法和模型，从多个不同的角度展开相应的研究[51,100,101,104-107,125,177-180]。

文献［51］在深入分析金融时序数据特征的基础之上，提出了一种新的分阶段混合预测模型。首先，利用 ARIMA 模型对时序数据进行估计和分析并得到一系列线性的预测结果，而剩余的部分看作是真实金融时序数据的非线性部分；

其次，利用神经网络对其进行非线性分析，得到新的非线性预测结果；最后，把两阶段的线性、非线性预测结果对应累加，即得到对于原始时序数据的最终预测结果。这种混合策略不仅利用了单个模型分析时序数据的自身特点，而且提高了整体的预测精度，很大程度上改善了单模型的缺陷，实证研究也表明了这种混合策略的科学性。但是，ANN 在实际的应用当中由于其经验风险最小化原则的限制，存在与生俱来的弱点，如局部最优、过拟合及内部隐含网络层次难以确定等[62,177]。相反，由 Vapnik 提出的支持向量机由于其严格的统计学习理论基础保证了求解结果的全局最优。SVM 结构风险最小化原则试图寻找到泛化误差而不是在 ANN 中的训练误差的上限最小化值[119]，因此由 ARIMA 和 SVM 组成的混合时序数据预测模型展现出了良好的性能。

Pai 和 Lin[125] 根据 Zhang[51] 在 2003 年所提出的策略，重新构建一个基于 ARIMA 和 SVM 的混合时序数据预测模型，分别用 ARIMA 和 SVM 来处理 10 种不同股票时序数据内部的线性和非线性成分得到了很好的预测结果。Nie 等[103] 利用类似的混合策略预测短期贷款时序数据，同样实证结果表明，SVM 模型能够很好地提取出时序数据内部的敏感信息，有效纠正 ARIMA 模型的线性预测结果。Wang 等[102] 利用 ARIMA 和 SVM 的混合模型预测了期权收益，其中通过 SVM 分析相关文本信息，提高了模型的预测精度。Zhu 和 Wei[104] 则是证明了这种混合模型对于碳价格时序数据预测工作的适用性。

尽管这样的方法和应用还有很多，而且在一定程度上都改善了混合预测模型在实际应用中的效果，但是，目前对于 ARIMA 和 SVM 的混合策略研究还是存在着一些影响模型泛化能力进一步提高或改善的不足之处。作为一种特殊的时序数据，金融时序数据内部的数据点之间的相互关系是不一样的。即不同的数据点之间的相互关系会随着它们之间的时间间隔的不同而不同，相邻的数据点之间的关系应该强于与其他数据点之间的相互关系，我们可以把这种关系称之为金融时序数据内部的时间相关性关系。但是，在利用 SVM 对金融时序数据进行分析和处理时，无论是单独的模型应用还是混合模型中的应用，均为考虑在模型中对于数据内部时间相关性经验知识的针对性研究和重构。理论上讲，SVM 在其核函数 $K(x_i,\ x_j)=\phi(x_i)\cdot\phi(x_j)$ 的构造中，是通过对比不同向量之间的欧式距离来确定不同对象之间的相互关系的。显然，欧式距离并不能够真实地反映不同数据点之间的真实相互关系，这些不足因素在一定程度上影响了 SVM 处理实际金融时序数据问题时的学习效率和泛化能力。

另外，SVM 是一种典型的具有多输入 $X_i = \{x_{i1}, \cdots, x_{it}, \cdots, x_{iN}\}$ 和单输出 $y_i \in R$ 的有监督学习机，输入向量的维度 N 在很大程度上会决定 SVM 算法学习效率和泛化能力的表现结果。然而，现实应用研究领域中，SVM 输入变量维度 N 的确定一直是一个很难解决的问题，要么根据实际的应用经验来确定，要么根据混合算法中线性模型 ARIMA 的回馈步数来确定[104]。而且，在算法中一旦确定输入变量的维度，则对于历史数据的回馈步数也就相应地确定了，于是就会忽略回馈步数范围以外的历史前馈数据内部所包含的有用信息。因此，SVM 在实际应用过程中还不能解决对于单变量金融时序数据历史信息的动态回馈问题，这一点影响了 SVM 算法对于时序数据预测性能的实质性提高。

为了克服以上所提到的 SVM 模型的不足，本章中的研究提出了一种基于跟踪微分器的泰勒展开式预测模型，替代 SVM 在多阶段混合预测模型中处理时序数据的非线性组成成分。在新的 TEF 模型中，金融时序数据被看作是由一个复杂解析函数所生成的函数值序列，而跟踪微分器则被用来计算时间序列函数的变化微分信息。通过 TEF 模型在混合算法中的运用，改善原传统的 ARIMA-SVM 模型对于数据内部时间相关性经验知识的学习效率，实现对于金融时序历史数据背后信息的动态回馈学习，提高算法预测的科学性和有效性。

7.1 模型构建背景知识

7.1.1 跟踪微分器基础知识

在控制论研究领域中，迅速精确地获取跟踪目标的速度和加速度对于一些系统至关重要。众所周知，用解析数学表达式表示的信号，能够用数学方法求导。在大多数情况下，信号是没有表达式的，所以不能用数学方法直接求导或简单地采取差分方法粗略地对信号微分进行估计。一般情况下，频率不同的噪声扰动存在于所有的自然信号数据中，相关研究已经表明虽然卡尔曼滤波有时可以起到滤波和抑制扰动的作用，同时还能提取出被跟踪信号的近似导数信息，但是须建立在信号模型已知的基础之上，这一条件限制了其对于未知信号微分信息提取的应用范围。因此，构造基于不被跟踪对象的具体解析模型且对于噪声扰动不敏感的导数信息提取微分器势在必行。

在控制理论中，控制器的设计常会用到信号的微分。例如，实际应用中常见的 PID 控制①中的 D 就要用到信号的微分。由于跟踪微分器对高频噪声不敏感，所以它被广泛地应用于微分信号的提取。从微分器本身结构来讲，常见的微分器有高增益微分器[131-133]、滑模微分器（slidingmode tracking differentiator）[134,135]、非线性微分器[136]等。不同的微分器对噪声的敏感性也不同，需要根据时间序列的数据特点来选择恰当的微分器。在工程控制领域之外，跟踪微分器在经济金融领域也有一些研究，如刘凤根等[137,138]在 2006 年及 2007 年把二阶和三阶离散型非线性跟踪微分器运用于对上证综指的股价模拟和分析预测问题中，并与传统的平均移动方法进行了比较研究。这一研究说明时间序列的微分信息的确可以用于数据的预测。

7.1.2　跟踪微分器应用举例

微分器的发展为信号跟踪提供了一种有效的方法，也有了一些成功的应用实例。利用微分器估计信号导数的优点在于它的估计是不基于系统模型的。通常情况下，运动系统一般由微分方程组构成，这些微分方程可以被转换成积分链的形式，也就可以采用微分器估计状态变量的不同阶导数，并将微分方程变为代数方程，运动系统中的不确定项就可以在代数方程中直接计算求解了。尽管微分器在控制论研究领域已经得到了当量的应用，但是在金融时序数据的相关研究范围内还尚未被正式运用。跟踪微分器在金融时序数据预测研究中是一个全新的数学工具。在控制论范畴内，若信号中存在噪声则信号的导数信息很容易被噪声干扰甚至“淹没”。例如，有一个正弦输入信号，受到一个强度为 σ 的标准正态分布 $N(0, 1)$ 的高斯噪声 $\xi(t)$ 干扰，即

$$u = \sin t + \sigma\xi(t) \tag{7-1}$$

对于信号 u 的直接差分结果仿真模拟结果如图 7-1（a）所示。可以看出，即使在强度 σ 很小的情况之下，信号含有的噪声完全“淹没”了其自身导数的正确提取结果。微分器就是用这种噪声污染下的信号微分提取工作的，而且已经有了许多成功的应用。

① PID 控制，即比例（proportion）、积分（integral）、微分（derivative）控制。

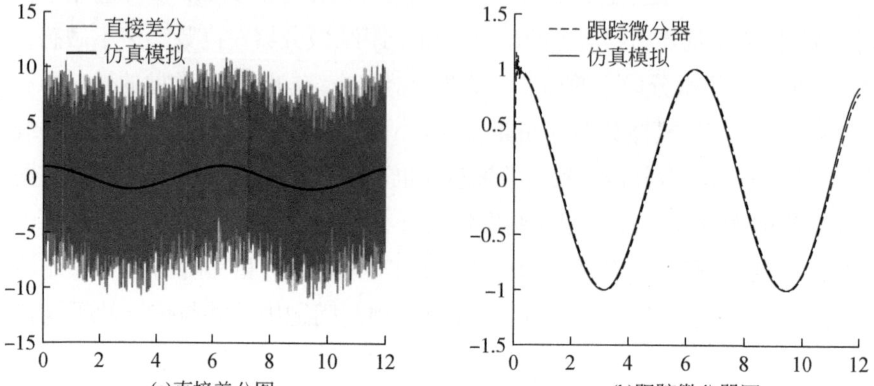

图 7-1　信号跟踪模拟图（ε=0.05，σ=0.01）

假设f是一个形式如下的自由系统，在$\lim_{t\to\infty} y_i = 0$，$i = 1$，2 的情况下是全局稳定的。

$$\begin{cases} \dot{y}_1 = y_2 \\ \dot{y}_2 = f(y_1, y_2) \end{cases} \tag{7-2}$$

则系统为

$$\begin{cases} \dot{y}_{1\varepsilon} = y_{2\varepsilon} \\ \dot{y}_{2\varepsilon} = \dfrac{1}{\varepsilon^2} f(y_{1\varepsilon} - u, \varepsilon y_{2\varepsilon}) \end{cases} \tag{7-3}$$

在当 $T > 0$ 时[136,181]，满足：

$$\int_0^T |y_{1\varepsilon}(t) - u(t)| + |y_{2\varepsilon}(t) - \dot{u}(t)| \mathrm{d}t \to 0 \mathrm{as} \varepsilon \to 0 \tag{7-4}$$

因此，$y_{1\varepsilon}$ 和 $y_{2\varepsilon}$ 可以分别看作是 u 和 $\dot{u}$ 的近似求解。

跟踪微分器的主要优点就在于它对噪声的不敏感性。例如，我们选择形如式（7-3）的一种线性跟踪微分器：

$$\begin{cases} \dot{y}_{1\varepsilon} = y_{2\varepsilon} \\ \dot{y}_{2\varepsilon} = -\dfrac{2}{\varepsilon^2}(y_{1\varepsilon} - u) - \dfrac{2}{\varepsilon} y_{2\varepsilon} \end{cases} \tag{7-5}$$

式中，信号 u 由式（7-1）给出。其跟踪的仿真结果如图 7-1（b）所示，不难发现，微分器对于噪声下的信号求导具有明显的稳定性。

7.2　基于跟踪微分器的泰勒展开预测模型

从数学研究的观点出发，存在大量的金融时间序列数据是可以通过它们自身来实现对未来数值的预测的。例如，假设金融时序数据 $\{X_i\}_{i=1}^N$ 由一个平滑函数 $f(t)$ 通过等时间间隔 h 而产生。对于任意的 $t_{i-1} \geqslant 0$，$t_i > t_{i-1}$，$i \in [1, N]$，通过泰勒展开可得

$$f(t_i) = f(t_{i-1} + h) = f(t_{i-1}) + \dot{f}(t_{i-1})h + \frac{1}{2}\ddot{f}(t_{i-1})h^2 + \frac{1}{6}\dddot{f}(t_{i-1} + \theta h)h^3 \tag{7-6}$$

式中，$\theta \in (0, 1)$；h 是调节参数，表示时间序列在点 t_{i-1} 和 t_i 之间的时间间隔。当调节参数 h 足够小时，式（7-6）就意味着：

$$f(t_{i-1} + h) \approx f(t_{i-1}) + \dot{f}(t_{i-1})h + \frac{1}{2}\ddot{f}(t_{i-1})h^2 \tag{7-7}$$

在该式中，若可获得函数 f 在时间点 t_{i-1} 的某函数值信息，如 $f(t_{i-1})$、$\dot{f}(t_{i-1})$ 及 $\ddot{f}(t_{i-1})$，就可以利用式（7-7）求得函数 f 在时间点 $(t_{i-1} + h)$ 的函数值。这就表明通过公式利用过去某个时间 $f(t_{i-1})$ 上的函数值完成了对未来时间 $(t_{i-1} + h)$ 的函数值的预测工作，而预测结果的误差可表示为

$$\frac{1}{6}\dddot{f}(t_{i-1})(t_{i-1} + \theta h)h^3 \tag{7-8}$$

显然，以上所提出的预测方法式（7-6）或式（7-7）理论上可以把它们拓展到 n 阶。但是，考虑到跟踪微分器的性质[182]，上述预测模型的阶数还是控制在 $n = 2, 3, 4$ 更加合理。在本章的研究当中，为使其不失一般性，我们只考虑预测式（7-7）的二阶表达算式。方便讨论起见，这里定义

$$F_2 := \{f \in H^3(0, \infty) \mid \|\dot{f}\|_\infty + \|\ddot{f}\|_\infty + \|\dddot{f}\|_\infty < +\infty\} \tag{7-9}$$

式中，$H^3(0, \infty)$ 表示一个希尔伯特空间，$\|\cdot\|_\infty$ 定义为

$$\|f\|_\infty := \sup_{t \in [0, \infty)} |f(t)| \tag{7-10}$$

显然，集合 F_2 中的所有函数类型均可以通过式（7-7）进行预测，而预测的误差可表示为式（7-8）。基于此，可以称 F_2 为二阶可预测函数集。

对于任意给定的时间序列 $\{X_i\}_{i=1}^N$，可以假设 $\{X_i\}_{i=1}^N$ 是函数 $\varphi \in F_2$ 以步长 h 取得的函数值样本点，也就是：

$$\varphi(0)=x_1,\ \varphi(h)=x_2,\ \cdots,\ \varphi[(N-1)h]=x_N \tag{7-11}$$

为了通过式（7-7）实现对于时间序列 $\{X_i\}_{i=1}^{N}$ 的单步预测，即预测 $x_{N+1}=\varphi(Nh)$，首先须得到变量 $\dot{\varphi}[(N-1)h]$ 和 $\ddot{\varphi}[(N-1)h]$ 的相应估计值（在单步预测模型中，函数值 $\varphi[(N-1)h]$ 是已知的）。但是，由于微分对于时序数据中噪声的敏感性，上述模型中要求取的各阶信号微分信息很容易被时变噪声的微分信息所“淹没”，因此在这种情况下，简单地利用差分方法去近似时序数据信号的微分是不可取的。考虑到上述实际情况，在本章中对于噪声干扰下的变量 φ 的各阶微分可以通过跟踪微分器予以实现[182,183]。通过使用跟踪微分器，可以利用式（7-7）实现单步预测，即

$$x_{N=1}=\varphi(Nh)\approx x_N+z_1h+\frac{1}{2}z_2h^2 \tag{7-12}$$

式中，z_1 和 z_2 由跟踪微分器求得，分别用来近似 $\dot{\varphi}[(N-1)h]$ 和 $\ddot{\varphi}[(N-1)h]$ 形式上很简单的一个式子，但随后的大量实证表明，这种预测方法非常有效。我们把它称之为泰勒展开预测模型。至此，经过上述的讨论和分析，若想利用式（7-12）完成对于时序数据 $\{X_i\}_{i=1}^{N}$ 的预测工作，就必须得求得 z_1 和 z_2，因此，关键工作就是要通过跟踪微分器解决 z_1 和 z_2 的问题。

这里介绍几个概念，令 $X=(X_1,\ X_2,\ X_3)\in\mathbb{R}^3$，定义

$$\|X\|_2=\sqrt{x_1^2+x_2^2+x_3^2} \tag{7-13}$$

以 $\|A\|_F$ 表示矩阵 A 的 Frobenius 范式。本章中应用式（7-14）的三阶高增益跟踪微分器[131,181]，即

$$\begin{cases}\dot{z}_1(t)=z_2(t)-\dfrac{3}{\varepsilon}[z_1(t)-\varphi(t)]\\ \dot{z}_2(t)=z_3(t)-\dfrac{6}{\varepsilon^2}[z_1(t)-\varphi(t)]\\ \dot{z}_3(t)=\dfrac{6}{-\varepsilon^3}[z_1(t)-\varphi(t)]\\ z_1(0)=z_{10},\ z_2(0)=z_{20},\ z_3(0)=z_{30}\end{cases} \tag{7-14}$$

式中，$(z_{10},\ z_{20},\ z_{30})\in\mathbb{R}^3$ 表示系统的初始值；ε 表示调节参数；$\varphi(t)$ 表示输入；而 $z_1(t)$、$z_2(t)$、$z_3(t)$ 则是我们所关心的时序数据各阶微分信息的跟踪输出，分别用来近似求解 $\varphi(t)$、$\dot{\varphi}(t)$、$\ddot{\varphi}(t)$。进一步，我们有下面的定义。

定义 7.1 假设 $\varphi\in F_2$ 成立，则对于任意的初始数据 $(z_{10},\ z_{20},\ z_{30})\in\mathbb{R}^3$，

存在两个正常数α，ω不依赖于变量t，使得对于所有的$t \geqslant 0$，式（7-14）满足

$$|z_1(t) - \varphi(t)| + |z_2(t) - \dot{\varphi}(t)| + |z_3(t) - \ddot{\varphi}(t)| \leqslant \frac{\alpha}{\varepsilon^2}\mathrm{e}^{-\omega t/\varepsilon} + \alpha\omega \| \dddot{\varphi} \|_\infty \tag{7-15}$$

证明．令$\xi_1 = z_1 - \varphi$，$\xi_2 = z_2 - \dot{\varphi}$，$\xi_3 = z_3 - \ddot{\varphi}$。则可得如下的误差系统：

$$\begin{cases} \dot{\xi}_1(t) = \xi_2(t) - \dfrac{3}{\varepsilon}\xi_1(t) \\ \dot{\xi}_2(t) = \xi_3(t) - \dfrac{6}{\varepsilon^2}\xi_1(t) \\ \dot{\xi}_3(t) = -\dfrac{6}{\varepsilon^3}\xi_1(t) - \dddot{\varphi}(t) \\ \xi_1(0) = \xi_{10},\ \xi_2(0) = \xi_{20},\ \xi_3(0) = \xi_{30} \end{cases} \tag{7-16}$$

式中，$\xi_{10} = z_{10} - \varphi(0)$，$\xi_{20} = z_{20} - \dot{\varphi}(0)$，$\xi_{30} = z_{30} - \ddot{\varphi}(0)$，则式（7-16）可以改写为

$$\dddot{\xi}_1(t)\varepsilon^3 + 3\ddot{\xi}_1(t)\varepsilon^2 + 6\dot{\xi}_1(t)\varepsilon + 6\xi_1(t) = -\dddot{\varphi}(t)\varepsilon^3 \tag{7-17}$$

令$t = \varepsilon s$，$v(s) = \xi_1(s\varepsilon)$，则我们可以得到

$$\frac{\mathrm{d}^3}{\mathrm{d}s^3}v(s) + 3\frac{\mathrm{d}^2}{\mathrm{d}s^2}v(s) + 6\frac{\mathrm{d}}{\mathrm{d}s}v(s) + 6v(s) = -\dddot{\varphi}(s\varepsilon)\varepsilon^3 \tag{7-18}$$

进一步再进行改写为

$$\frac{\mathrm{d}}{\mathrm{d}s}V(s) = AV(s) + D(s) \tag{7-19}$$

式中，

$$A = \begin{pmatrix} 0 & 1 & 0 \\ 0 & 0 & 1 \\ -6 & -6 & -3 \end{pmatrix},\ V(s) = \begin{pmatrix} v(s) \\ \dfrac{\mathrm{d}}{\mathrm{d}s}v(s) \\ \dfrac{\mathrm{d}^2}{\mathrm{d}s^2}v(s) \end{pmatrix},\ D(s) = \begin{pmatrix} 0 \\ 0 \\ -\dddot{\varphi}(s\varepsilon)\varepsilon^3 \end{pmatrix} \tag{7-20}$$

式（7-19）的解可以表示为

$$V(s) = \mathrm{e}^{As}V(0) + \int_0^s \mathrm{e}^{A(s-\tau)}D(\tau)\mathrm{d}\tau \tag{7-21}$$

由于矩阵A满足Hurwitz条件，于是存在常数ω，$L > 0$使得$\| \mathrm{e}^{As} \|_F \leqslant L\mathrm{e}^{-\omega s}$。根据式（7-20）和式（7-21）可得

$$\begin{aligned}\| V(s) \|_2 &\leqslant \| e^{As} V(0) \|_2 + \left\| \int_0^s e^{A(s-\tau)} D(\tau) d\tau \right\|_2 \\ &\leqslant \| V(0) \|_2 L e^{-\omega s} + \int_0^s \| D(\tau) \|_2 L e^{-\omega(s-\tau)} d\tau \\ &\leqslant \| V(0) \|_2 L e^{-\omega s} + \frac{L}{\omega} \varepsilon^3 \left\| \dddot{\varphi} \right\|_\infty\end{aligned} \tag{7-22}$$

也就是

$$\left\| \left(\ddot{\xi}_1(t), \dot{\xi}_1(t) \frac{1}{\varepsilon}, \xi_1(t) \frac{1}{\varepsilon^3} \right) \right\|_2 \leqslant \frac{\| V(0) \|_2}{\varepsilon^2} L e^{-\omega t/\varepsilon} + \frac{L}{\omega} \varepsilon \| \dddot{\varphi} \|_\infty \tag{7-23}$$

根据式（7-16）有

$$\begin{cases} \xi_2(t) = \dot{\xi}_1(t) + \dfrac{3}{\varepsilon} \xi_1(t) \\ \xi_3(t) = \ddot{\xi}_1(t) + \dfrac{6}{\varepsilon^2} \xi_1(t) + \dfrac{3}{\varepsilon} \dot{\xi}_1(t) \end{cases} \tag{7-24}$$

结合式（7-13）、式（7-23）及式（7-24），在满足条件

$$\alpha = \max \left\{ L \| V(0) \|_2, \frac{L}{\omega} \right\}$$

得出式（7-15），得证。

为了把式（7-12）应用于离散的金融时序数据，我们需要通过回馈欧拉方法离散化系统，将式（7-14）表示为如下形式：

$$\begin{cases} Z_1(i+1) = Z_1(i) + Z_2(i)h + \dfrac{3}{\varepsilon}[\varphi(i) - Z_1(i)]h \\ Z_2(i+1) = Z_2(i) + Z_3(i)h + \dfrac{6}{\varepsilon^2}[\varphi(i) - Z_1(i)]h \\ Z_3(i+1) = Z_3(i) + \dfrac{6}{\varepsilon^3}[\varphi(i) - Z_1(i)]h \\ Z_1(1) = z_{10}, \ Z_2(1) = z_{20}, \ Z_3(1) = z_{30} \end{cases} \tag{7-25}$$

联合式（7-11）和式（7-12）不难得到预测模型为

$$x_{N+1} = x_N + Z_2(N)h + \frac{1}{2} Z_3(N) h^2 \tag{7-26}$$

定义 7.2 假定 $\{x_i\}_{i=1}^N$ 是一个利用函数 $\varphi \in F_2$ 以等时间间隔 h 采样的金融时间序列。即 $\varphi(0) = x_1$，$\varphi(h) = x_2$，…，$\varphi[(N-1)h] = x_N$。那么，对于任意的

数据 $(x_{10},\ x_{20},\ x_{30}) \in \mathbb{R}^3$ 存在一个独立于 h 的正常数 C_* 使得式（7-25）和式（7-26）满足：

$$\lim_{\varepsilon \to 0} |x_{N+1} - \varphi(Nh)| \leqslant C_* h^2 + \frac{1}{6} \|\dddot{\varphi}\|_\infty h^3 \tag{7-27}$$

证明．函数 φ 在点 $t = (N-1)h$ 泰勒展开，可得

$$\varphi(Nh) = \varphi[(N-1)h] + \dot{\varphi}[(N-1)h]h + \frac{1}{2!}\ddot{\varphi}[(N-1)h]h^2 + \frac{1}{3!}\dddot{\varphi}(\xi)h^3 \tag{7-28}$$

式中，$(N-1)h < \xi < Nh$，结合式（7-14）、式（7-26）和式（7-28），我们有

$$\begin{aligned} & |x_{N+1} - \varphi(Nh)| \\ \leqslant\ & |Z_2(N) - \dot{\varphi}[(N-1)h]|h + \frac{1}{2!}|Z_3(N) - \ddot{\varphi}[(N-1)h]|h^2 \\ & + \frac{1}{3!}|\dddot{\varphi}(\xi)|h^3 \\ \leqslant\ & \{|Z_2(N) - z_2[(N-1)h]| + |z_2[(N-1)h] - \dot{\varphi}[(N-1)h]|\}h \\ & + \frac{1}{2!}\{|Z_3(N) - z_3[(N-1)h]| + |z_3[(N-1)h] - \ddot{\varphi}[(N-1)h]|\}h^2 \\ & + \frac{1}{3!}|\dddot{\varphi}(\xi)|h^3 \end{aligned} \tag{7-29}$$

由于式（7-25）是式（7-14）通过回馈欧拉方法离散化后的形式（回馈欧拉方法的收敛性详见文献［184］），存在一个独立于 h 的正常数 C_*，得

$$|Z_2(N) - z_2[(N-1)h]| + |Z_3(N) - z_3[(N-1)h]| \leqslant C_* h \tag{7-30}$$

应用式（7-30），存在两个正常数量 α 和 ω，得

$$\begin{aligned} & |z_2[(N-1)h] - \dot{\varphi}[(N-1)h]| + |z_3[(N-1)h] - \ddot{\varphi}[(N-1)h]| \\ \leqslant\ & \frac{\alpha}{\varepsilon^2}e^{-\omega h(N-1)/\varepsilon} + \alpha\varepsilon \|\dddot{\varphi}\|_\infty \end{aligned} \tag{7-31}$$

联合式（7-29）~式(7-31)，即可以得到式（7-27），得证。

式（7-27）意味着当 h 和 ε 足够小时，x_{N+1} 即为时间序列 $\{x_i\}_{i=1}^N$ 的一步预测结果。也就是说，在 ε 足够小的情况下，本章所提出的预测策略式（7-12）对于金融时间序列来说是有效的。

在此我们需要指出，高增益微分器［式（7-14）］对预测模型效率和精度的提高做出了很大的贡献，最关键的原因就是它对于窄幅高频噪声的不敏感

性[133,183]。于是，预测模型［式（7-7）］在σ足够小时，对于下列集合中的情况依然有效。

$$\tilde{F}_2 = \left\{ f + \sigma\zeta \left| \begin{array}{c} f \in H^3(0,\ \infty),\ \|\dot{f}\|_\infty + \|\ddot{f}\|_\infty + \|\dddot{f}\|_\infty < +\infty \\ \sigma \in \mathbb{R},\ \zeta \text{是高频噪声} \end{array} \right. \right\} \tag{7-32}$$

因此，本章所提出的预测模型［式（7-12）］对于大多数金融时间序列来说都是有效的。随后的实证研究进一步证明了我们的观点。

事实上，式（7-14）可以改写为如下的简化形式：

$$\begin{cases} \dfrac{\mathrm{d}}{\mathrm{d}t}Z(t) = A_h Z(t) + V_h f(t) \\ Z(0) = 0 \end{cases} \tag{7-33}$$

式中，$Z(t) = [z_1(t),\ z_2(t),\ z_3(t)]^{\mathrm{T}}$并且：

$$A_h = \begin{pmatrix} -3/h & 1 & 0 \\ -6/h^2 & 0 & 1 \\ -6/h^3 & 0 & 0 \end{pmatrix},\ V_h = \begin{bmatrix} 3/h \\ 6/h^2 \\ 6/h^3 \end{bmatrix} \tag{7-34}$$

通过解式（7-33）得

$$Z(t) = \int_0^t \mathrm{e}^{A_h(t-\tau)} V_h f(\tau)\,\mathrm{d}\tau = \int_0^t \mathrm{e}^{A_h t} V_h f(t-\tau)\,\mathrm{d}\tau \tag{7-35}$$

由于对于任意的$h > 0$矩阵A_h是 Hurwitz 的，所以存在两个独立于时间t的正常数L和ω，得

$$\| \mathrm{e}^{A_h t} \|_{\mathbb{R}^3} \leqslant L\mathrm{e}^{-\omega t} \to 0 \mathrm{as} t \to \infty \tag{7-36}$$

根据式（7-35）可以得出，$Z(t)$其实是权重函数$\mathrm{e}^{A_h t}$在时间间隔$(0,\ t)$上的函数f的平均权重值。如果令$0 < t_1 < t_2 < t$，则根据式（7-36）表明，$f(t_2)$比$f(t_1)$与$f(t)$具有更密切的关系，也就表达了在时序数据内部随着时间间隔的逐步缩小，数据点之间的关系会逐步增强。泰勒展开预测模型所具有的这一内在的时间相关性经验知识，确保了其处理时序数据时在学习效率上的自身优势。

从本质上来讲，通过式（7-35）求解$\dot{f}(t_{i-1})$和$\ddot{f}(t_{i-1})$的过程，就是函数$\mathrm{e}^{A_h(t-\tau)} V_h f(\tau)$在时间$t$之前的积分求解过程。而且这一积分形式也说明 TEF 模型能够实现对于历史数据信息的动态回馈和充分学习，避免了在 SVM 模型使用过程中的变量维度即最佳回馈步数的选择问题。另外，可以看出 TEF 模型中只有一个调节参数，这种情况方便了模型在实际工作中的应用与推广。

7.3　混合预测模型 ARIMA-TEF 构建

7.3.1　模型算法描述

鉴于现实世界中时序数据的复杂性，大量相关研究表明同时具有线性和非线性建模功能的混合策略能够更好地对其展开针对性的深入研究。根据之前“线性和非线性”分段建模的思想框架[51,102,104,107,125,185]，本章通过综合 ARIMA 和新构建的 TEF 模型，构造一个混合预测模型以提高预测工作的精确性和科学性。在此混合模型当中，真实的时间序列数据 $\{x_i\}_{i=1}^{N}$ 被认为由线性和非线性两部分构成，即

$$x_i = l_i + nl_i \tag{7-37}$$

式中，l_i 和 nl_i 分别表示时间序列数据 $\{x_i\}_{i=1}^{N}$ 当中计划通过 ARIMA 和 TEF 模型估计的线性和非线性部分。首先，利用 ARIMA 预测时序数据并得到一个线性的预测结果 $\hat{l}_i$，用以估计时序数据中的线性成分 l_i。其次，令式（7-38）为

$$\delta_i = x_i - \hat{l}_i \tag{7-38}$$

上述残差结果中，认为已经剔除了时序数据中的线性成分，而只留下了时间点 t_i 的非线性的部分，我们可以进一步利用 TEF 模型来对其进行非线性的预测，即

$$\delta_i = f(\delta_i, \cdots, \delta_{i-l}) + \Delta_i \tag{7-39}$$

式中，函数 f 表示由 TEF 模型所确定的一个非线性建模函数；Δ_t 表示计算的误差。利用式（7-39），δ_i 就能被预测，且得到相应的预测结果 $n\hat{l}_i$。最后，可以通过式（7-40）得到最终的混合预测结果。

$$\hat{x}_t = \hat{l}_t + n\hat{l}_t \tag{7-40}$$

式中，$\hat{l}_i$ 和 $n\hat{l}_i$ 分别表示通过 ARIMA 和 TEF 模型处理后得出的对于原时序数据当中的线性部分 l_i 和非线性部分 nl_i 的预测结果。

结合上述分析工作，下面给出对于给定时序数据 $\{x_i\}_{i=1}^{N}$ 的单步预测算法的形式化描述。

Require：$\{x_i\}_{i=1}^{t}$，其中 $x_i \in \mathbb{R}$。

Ensure：$\hat{x}_{t+1} \in \mathbb{R}$。

1）在时序数据训练集上训练 ARIMA，并根据 AIM 准则及最小化预测结果 MAE 原则，确定模型参数 p 、d 和 q 。

2）利用训练好的 ARIMA 模型分析处理时序数据 $\{x_i\}_{i=1}^{t}$ 并得到线性估计结果 $\{\hat{l}_i\}_{i=1}^{t}$ 。

3）运用线性模型，进一步得到真实时序数据点 x_{t+1} 的 ARIMA 模型的线性预测结果 $\hat{l}_{t+1}$ 。

4）根据式（7-38），计算得到经过线性估计后的含有时序数据 $\{x_i\}_{i=1}^{t}$ 非线性成分的残差序列 $\{\delta_i\}_{i=1}^{t}$ 。

5）在残差序列 $\{\delta_i\}_{i=1}^{t}$ 数据集上训练非线性分析模型 TEF，并根据最小化预测结果 MAE 原则确定调节参数 h 。

6）运用非线性模型，进一步得到真实时序数据点 x_{t+1} 的 TEF 模型的非线性预测结果 $n\hat{l}_{t+1}$ 。

7）通过式（7-40）计算并得到最终的预测结果 $\hat{x}_{t+1} = \hat{l}_{t+1} + n\hat{l}_{t+1}$ 。

7.3.2 数据选取及描述

商品期货价格被普遍认为更广泛地影响价格水平，而这一现象对于那些依赖未来通胀期望做出决策的投资者来说也就具有了更强的吸引力[186]。本节选用了美国和英国商品期货市场中的一系列有代表性的重要商品期货日收盘价格的时序历史数据作为模型的实证研究对象，展开预测效果的检验和评价工作。这些期货数据包括：芝加哥期货交易所（Chicago Board of Trade，CBOT）的石油、小麦、大豆、玉米、黄金和白银期货价格，伦敦金属交易所（London Metal Exchange，LME）的铜、铝等期货价格数据。所有数据均来自 Wind 数据库，期货价格均为最近到期合约的美元价格，时间跨度为 2011 年 1 月 19 日到 2013 年 1 月 18 日，除去休息日，小麦、大豆、玉米、石油、黄金和白银期货样本数据量为 506 个，铜和铝期货价格样本量为 505 个。以石油期货价格为例，从图 7-2 可以看出，期货价格时序数据具有高度动态和复杂的非线性和不确定性。表 7-1 列出了期货价格时序数据的简单统计特性，即均值、标准差、峰度、偏度等指标，从表中的数据清楚地揭示了期货价格时序数据显然是不满足正态分布的。

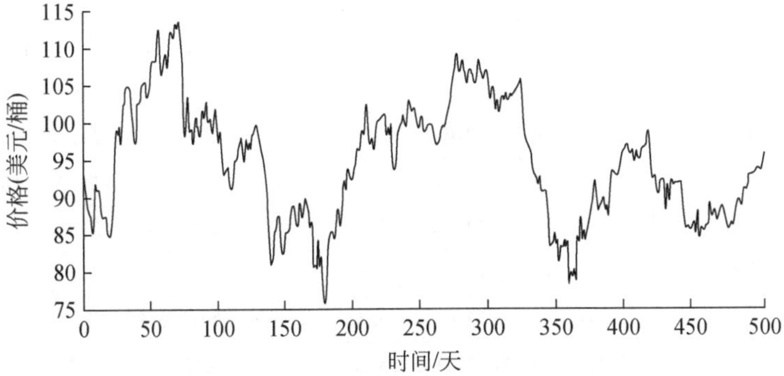

图 7-2　石油期货数据时序图

表 7-1　数据集统计特性描述

统计量	石油	小麦	大豆	玉米	黄金	白银	铜	铝
均值	94.762 51	736.994 1	1 387.284	686.698 1	1 628.474	33.272 09	8 358.996	2 226.830
中位数	94.685	731.875	1 383	685.5	1 644.4	32.735	8 196.5	2 160.500
最大值	113.73	940.2	1 762.2	838.2	1 891.9	48.46	10 161.75	2 786.750
最小值	75.67	579.25	1 103.4	535.4	1 313.2	26.35	6 784.75	1 837.000
标准差	7.839 859	100.976 8	138.059	65.323 18	118.256 5	4.256 417	798.982 6	251.563 5
偏度	0.117 016	0.220 13	385 734	0.068 843	-0.544 236	0.795 744	0.446 017	0.397 166
峰度	2.277 688	1.609 501	3.266 146	2.073 321	2.838 125	3.531 055	2.070 822	1.901 548
Jarque-Bera 统计值	2.154 654	14.850 93	14.041 41	18.504 68	25.531 35	59.346 52	34.910 17	38.665 30
概率	0.002 294	0	0.000 893	0.000 096	0.000 003	0	0	0
样本数	506	506	506	506	506	506	505	505

为了在实证研究阶段展开一定的压力测试，以提高实证工作的充分性，研究中把实验数据做了不同比例的划分，分别把数据的 90% 部分和 70% 部分作为模型实证研究的样本内测试集，而把剩余的 10% 和 30% 分别作为模型验证的样本外测试集，检验预测模型的有效性。样本内测试集的数据主要用来进行模型构建和调节参数的确定，而样本外测试集主要是验证或检验预测模型结果的准确性和有效性。由于实证数据集来自不同国家和地区的金融市场的观测数据库，受开盘及收盘不同日期安排的影响，在数据样本总量方面存在部分微小的差别，关于样本数据集划分的具体详细信息见表 7-2。

表 7-2　实证研究数据集划分

项目	样本数量	训练集（数量）	测试集（数量）
石油	506	2011-1-19 ~ 2012-11-6（456）	2012-11-7 ~ 2013-1-18（50）
	506	2011-1-19 ~ 2012-6-14（355）	2012-6-15 ~ 2013-1-18（151）
小麦	506	2011-1-19 ~ 2012-11-6（456）	2012-11-7 ~ 2013-1-18（50）
	506	2011-1-19 ~ 2012-6-14（355）	2012-6-15 ~ 2013-1-18（151）
大豆	506	2011-1-19 ~ 2012-11-6（456）	2012-11-7 ~ 2013-1-18（50）
	506	2011-1-19 ~ 2012-6-14（355）	2012-6-15 ~ 2013-1-18（151）
玉米	506	2011-1-19 ~ 2012-11-6（456）	2012-11-7 ~ 2013-1-18（50）
	506	2011-1-19 ~ 2012-6-14（355）	2012-6-15 ~ 2013-1-18（151）
黄金	506	2011-1-19 ~ 2012-11-6（456）	2012-11-7 ~ 2013-1-18（50）
	506	2011-1-19 ~ 2012-6-14（355）	2012-6-15 ~ 2013-1-18（151）
白银	506	2011-1-19 ~ 2012-11-6（456）	2012-11-7 ~ 2013-1-18（50）
	506	2011-1-19 ~ 2012-6-14（355）	2012-6-15 ~ 2013-1-18（151）
铜	506	2011-1-19 ~ 2012-11-6（456）	2012-11-7 ~ 2013-1-18（50）
	506	2011-1-19 ~ 2012-6-14（354）	2012-6-15 ~ 2013-1-18（151）
铝	506	2011-1-19 ~ 2012-11-6（456）	2012-11-7 ~ 2013-1-18（50）
	506	2011-1-19 ~ 2012-6-14（354）	2012-6-15 ~ 2013-1-18（151）

7.3.3　预测结果评价标准

考虑到评价标准在实际应用领域中的特点和局限性，任何一个单个或单方面的评价指标都很难做到对于计算结果优劣的综合全面评价[187,188]。本节应用了多个不同的测试评价标准，旨在从多方面对于不同模型的预测能力做出全面而又客观的科学评价。这些评价指标包括平均绝对误差（MAE）、均方根误差（RMSE）、平均绝对百分误差（MAPE）、百分标准误差（SEP）、一致性指数（WIA）等一系列标准对不同模型的泛化能力进行了全方位的衡量和比较，评价标准具体定义如下。

$$\mathrm{MAE}=\frac{1}{l}\sum_{i=1}^{l}|a_i-y_i| \tag{7-41}$$

$$\mathrm{RMSE}=\sqrt{\frac{1}{l}\sum_{i=1}^{l}(a_i-y_i)^2} \tag{7-42}$$

$$\mathrm{MAPE} = \frac{100}{l}\sum_{i=1}^{l}\left|\frac{y_i - a_i}{a_i}\right| \tag{7-43}$$

$$\mathrm{SEP} = \frac{100}{\bar{y}}\mathrm{RMSE} \tag{7-44}$$

$$\mathrm{WIA} = 1 - \frac{\sum_{i-1}^{l}(a_i - y_i)^2}{\sum_{i=1}^{l}(|a_i - \bar{y}| + |y_i - \bar{y}|)^2} \tag{7-45}$$

式中，a_i 和 y_i 分别表示真实值和模型的预测值；$\bar{a}$ 和 $\bar{y}$ 分别表示其相应数据的均值。通常，评价指标 MAE、RMSE、SEP 及 MAPE 的值越小表明模型的预测值与真实值更加接近，也就说明模型预测精度更高。而 WIA 反映了模型预测结果与真实值的一致程度及对于未来时序数据变化趋势的判别能力，WIA 的值越大，则表明模型的预测能力越强、精度越高。另外，在实证结果分析的过程中我们还用到了 R^2，用来检测预测结果的回归线与真实数据之间的近似关系情况，若 $R^2 = 1$ 说明预测结果与真实值之间完全对应符合[189]。

7.3.4　模型参数确定

正如表 7-1 和表 7-2 所示，实证研究所选取的期货日收盘价时序数据并不满足正态分布的条件，而是具有非常明显的时变性和非稳定性。混合模型的构建，首先要用到线性分析工具 ARIMA 模型，为了满足其使用前提条件来处理时序数据就需要对其进行差分处理，其次运用 AIC 准则确定最佳模型阶数。通过试错实验，我们得到了对于不同期货时序数据的不同数据集划分的模型参数确定结果，见表 7-3 和表 7-4。

表 7-3　基于 10%测试集的模型参数设定情况表

	ARIMA-SVM	ARIMA-TEF
石油	$p=3$，$d=1$，$q=3$，$C=1$，$e=1$	$p=3$，$d=1$，$q=3$，$h=55$
小麦	$p=3$，$d=1$，$q=2$，$C=1$，$e=1$	$p=3$，$d=1$，$q=2$，$h=60$
大豆	$p=2$，$d=1$，$q=2$，$C=2$，$e=1$	$p=2$，$d=1$，$q=2$，$h=60$
玉米	$p=2$，$d=1$，$q=3$，$C=2$，$e=1$	$p=2$，$d=1$，$q=3$，$h=60$
黄金	$p=2$，$d=1$，$q=2$，$C=1.2$，$e=0.9$	$p=2$，$d=1$，$q=2$，$h=65$
白银	$p=2$，$d=1$，$q=1$，$C=2$，$e=1$	$p=2$，$d=1$，$q=1$，$h=60$

续表

	ARIMA-SVM	ARIMA-TEF
铜	$p=3$，$d=1$，$q=3$，$C=1$，$e=1$	$p=3$，$d=1$，$q=3$，$h=55$
铝	$p=2$，$d=1$，$q=1$，$C=1$，$e=1$	$p=2$，$d=1$，$q=1$，$h=60$

表 7-4　基于 30%测试集的模型参数设定情况表

	ARIMA-SVM	ARIMA-TEF
石油	$p=2$，$d=1$，$q=2$，$C=1$，$e=1$	$p=2$，$d=1$，$q=2$，$h=60$
小麦	$p=3$，$d=1$，$q=3$，$C=1$，$e=1$	$p=3$，$d=1$，$q=3$，$h=55$
大豆	$p=3$，$d=1$，$q=2$，$C=2$，$e=1.1$	$p=3$，$d=1$，$q=2$，$h=60$
玉米	$p=3$，$d=1$，$q=2$，$C=3$，$e=1$	$p=3$，$d=1$，$q=2$，$h=55$
黄金	$p=2$，$d=1$，$q=2$，$C=1$，$e=1$	$p=2$，$d=1$，$q=2$，$h=60$
白银	$p=2$，$d=1$，$q=2$，$C=3$，$e=1$	$p=2$，$d=1$，$q=2$，$h=60$
铜	$p=2$，$d=1$，$q=2$，$C=2$，$e=1$	$p=2$，$d=1$，$q=2$，$h=55$
铝	$p=2$，$d=1$，$q=1$，$C=2$，$e=1$	$p=2$，$d=1$，$q=1$，$h=60$

对于 SVM，正确的参数设定可以显著地提高学习模型的泛化能力。本节中，选取多项式核函数，而其对应参数 C 和 e 的确定，以实证研究中样本内训练结果的最小 MAE 为原则进行[190]。对于不同期货时序数据的不同数据集划分的模型参数确定的结果见表 7-3 和表 7-4。另外，根据相关研究开展的实际情况，本节中 SVM 输入变量 $X_t=(\sigma_{t-1}, \sigma_{t-2}, \cdots, \sigma_{t-p})$ 维度的确定以线性回归模型 ARIMA (p, d, q) 中对于时序历史数据回馈步数的量值进行确定[104]。从参数设定结果的列表中可以看出，模型对于时序数据的回馈步数一般都限定在 3 步以内，表明 ARIMA 模型认为时序数据 3 步之前的数据和未来预测值之间的相互关系并不明显。

图 7-3 表示出了混合算法 ARIMA-TEF 模型对于不同训练数据集，在调节参数 h 变化的情况下，预测结果 MAE 数值的变化过程。MAE 的数值表示预测结果与真实数值之间的接近程度，如图 7-3 所示，在 10% 的测试数据集的情况下，模型预测结果的 MAE 值随着调节参数 h 的增加而急剧下降，并且很快就到达了最优节点 1/55。之后，随着调节参数 h 的值继续增大，统计量 MAE 的值并未显著下降，而是以小幅的波动维持在一个相对稳定的水平。这一结果说明混合算法 ARIMA-TEF 随着参数 h 的变化能够迅速收敛，并使得算法性能保持稳定。之前

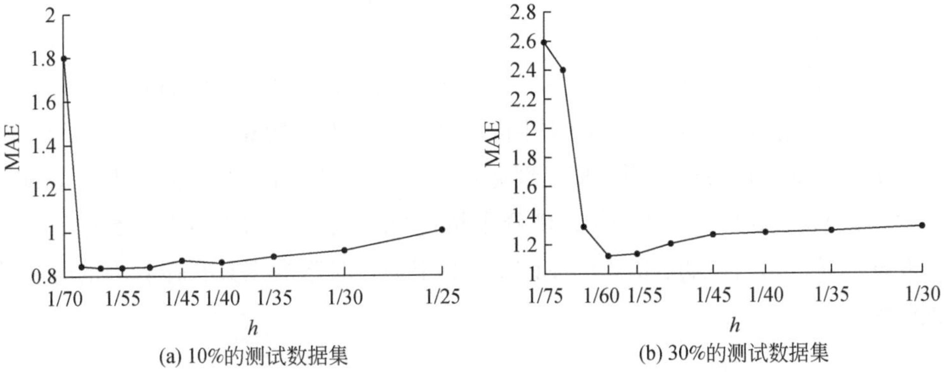

图 7-3　ARIMA-TEF 模型预测 MAE 值随参数 h 变化情况图

讨论中，理论上讲参数 h 应该越小越好，但是实际应用过程中发现，就如图中所示情况一样，当参数 h 趋于 0 时微分器对于高频噪声的不敏感性会增强。因此，在跟踪精确度和噪声容忍度之间应该有一个折中的处理，参数 h 的确定应该考虑其实际应用的具体情况而定。本节中参数 h 的具体设定情况见表 7-3 和表 7-4。

7.3.5　实证结果分析

该节将对模型实证研究的结果进行进一步的分析和讨论。本节中 ARIMA 模型通过 Quantitative MicroSoftware 公司开发的 Eviews 6.0 予以实现；SVM 模型的模拟实验利用新西兰怀卡托（Waikato）大学所开发的 WEKA 3 工具包实现；而基于微分器的泰勒展开预测模型则是通过 Matlab 自主开发实现。鉴于对不同期货价格时序数据的实验结果优化方向性大致趋同，本节以石油期货数据的实证结果进行样例分析。

ARIMA-TEF 模型的提出旨在改善 ARIMA-SVM 模型对于金融时序数据内部时间相关性经验知识学习的不足，因此实证研究以 ARIMA-SVM 模型为基准，通过比较研究的方式展开对于两个不同模型预测结果的评价。对于石油期货价格日收盘价的时序数据，不同数据集划分的模型预测结果在图 7-4 中列出，图 7-4（a）和图 7-4（c）分别是实证结果的时序比较结果。从图中不难看出，相比较 ARIMA-SVM 模型，ARIMA-TEF 模型的预测结果更加接近真实值的实际分布情况，而且 ARIMA-TEF 模型的预测结果对于真实时序数据的局部极值具有更强的探测和把控能力，这些结果在对于时序数据集的不同划分的实证结果中均可以直观地得到。分析其原因，主要还是在模型构造中融合的跟踪微分器，具有对于复杂金融时序数据高频噪声的不敏感性质。另外，图 7-4（b）和图 7-4（d）分别画出了两个模型预测结果的（R^2）散点图，可以看出 ARIMA-TEF 模型的预测结果能够更加集中地聚集在（$R^2=1$）的最佳回归线附近，相反 ARIMA-SVM 的预测结果则显得更加分散。从对于不同数据集划分的散点图结果中的（R^2）值，也可以直接了解到，ARIMA-TEF 的预测结果解释了超过 88% 的实证结果与真实数据值之间的变动方差，再次说明 ARIMA-TEF 模型对于期货时序数据具有强有力的分析和预测能力。

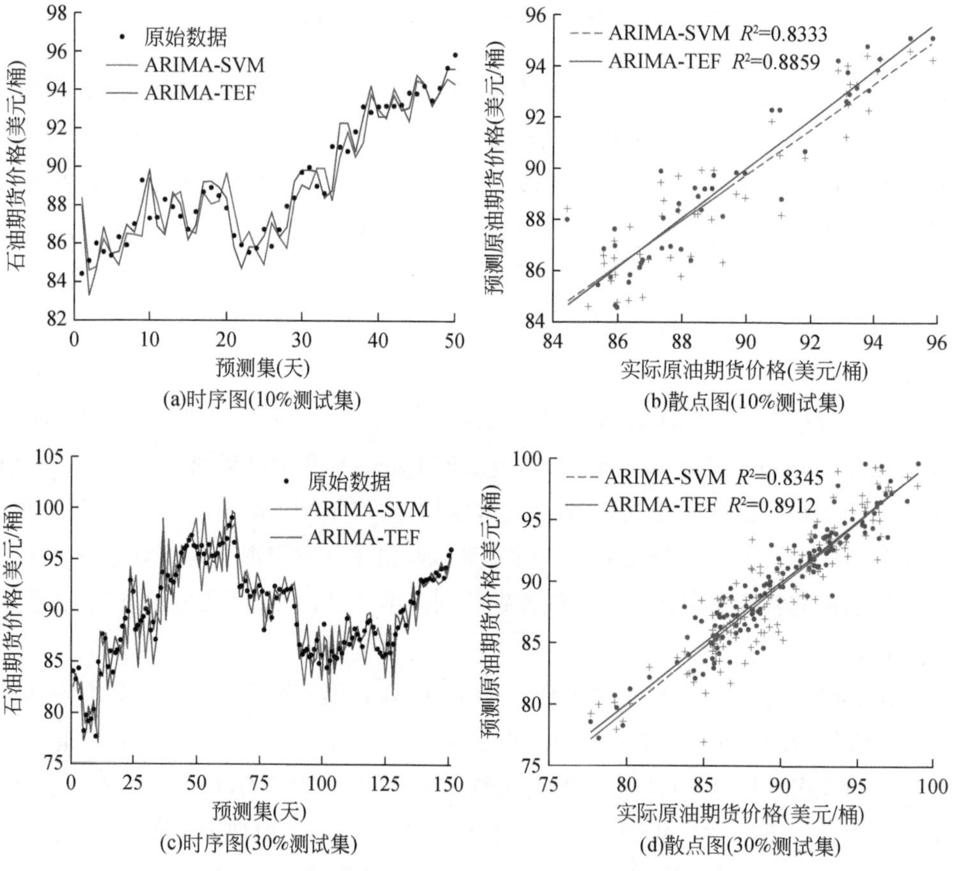

图 7-4　石油期货不同模型预测结果时序图和散点图

此外，本节还选用一系列统计类评价指标，用来评价预测结果的准确性和有效性。关于石油期货时序数据的预测效果的评价指标结果详见表 7-5 和表 7-6。

可以从表中数据直观地看出，相比 ARIMA-SVM，ARIMA-TEF 模型的预测结果的评价指标一致趋优。以 MAE 为例，石油在两种不同比例划分的数据集的 ARIMA-SVM 结果分别为 1.009 011 和 1.441 800，而 ARIMA-TEF 模型预测结果的 MAE 值分别为 0.836 160 和 0.121 012，从数值上看来显著减小；而实证结果数据的 WIA 结果，分别由 0.954 081 和 0.956 335 提高到了 0.969 798 和 0.975 145，预测结果与真实值的一致性水平显著改善，表明 ARIMA-TEF 模型的预测精确性更高。表 7-5 和表 7-6 中的数据显示，其他评价指标也有类似的结果，从不同角度验证了新模型对于期货时序数据具有出色的分析预测能力。

表 7-5　基于 10%测试集的模型预测性能比较情况表

项目	模型	MAE	MAPE	RMSE	WIA	SEP
石油	ARIMA-SVM	1.009 011	1.138 186	1.302 891	0.954 081	1.459 920
	ARIMA-TEF	0.836 160	0.942 360	0.969 798	0.969 798	1.217 591
小麦	ARIMA-SVM	8.652 815	1.045 811	10.753 93	0.986 294	1.313 883 96
	ARIMA-TEF	5.739 791	0.704 931	7.640 03	0.993 202	0.933 436 69
大豆	ARIMA-SVM	13.168 59	0.917 355	17.926 99	0.937 918	1.253 009 49
	ARIMA-TEF	10.419 91	0.730 895	13.212 64	0.967 434	0.923 499 39
玉米	ARIMA-SVM	6.259 969	0.864 372	7.551 768	0.971 811	1.044 072 79
	ARIMA-TEF	4.425 204	0.614 458	5.791 064	0.983 947	0.800 645 95
黄金	ARIMA-SVM	7.502 658	0.442 401	10.039 095	0.969 306	0.591 931
	ARIMA-TEF	7.413 046	0.436 839	9.298 504	0.974 817	0.548 264
白银	ARIMA-SVM	0.332 304	1.040 035	0.418 906	0.974 631	1.309 473 81
	ARIMA-TEF	0.230 778	0.724 665	0.285 899	0.988 83	0.893 702 61
铜	ARIMA-SVM	61.105 67	0.756 731	80.193 16	0.945 171	1.012 252 35
	ARIMA-TEF	52.488 95	0.648 645	64.419 28	0.965 541	0.813 143 73
铝	ARIMA-SVM	19.954 01	0.952 813	27.843 08	0.952 069	1.357 759 94
	ARIMA-TEF	17.644 47	0.840 733	23.780 68	0.966 478	1.159 658 07

表 7-6 基于 30%测试集的模型预测性能比较情况表

项目	模型	MAE	MAPE	RMSE	WIA	SEP
石油	ARIMA-SVM	1.441 800	1.619 349	1.835 592	0.956 335	2.042 644
	ARIMA-TEF	1.121 012	1.257 105	1.400 932	0.975 145	1.558 955
小麦	ARIMA-SVM	12.699 89	1.517 837	16.497 83	0.982 893	1.954 397
	ARIMA-TEF	9.177 549	1.089 095	12.428 27	0.990 174	1.472 301
大豆	ARIMA-SVM	18.497 13	1.198 798	24.040 17	0.988 424	1.567 922
	ARIMA-TEF	14.472 36	0.940 876	18.641 28	0.993 077	1.215 801
玉米	ARIMA-SVM	11.056 31	1.534 577	14.919 71	0.983 289	2.016 412
	ARIMA-TEF	8.787 177	1.210 936	11.782 22	0.989 543	1.592 378
黄金	ARIMA-SVM	9.111 308	0.544 668	12.509 227	0.980 355	0.745 035
	ARIMA-TEF	7.492 380	0.447 127	9.615 850	0.994 366	0.572 709
白银	ARIMA-SVM	0.335 78	1.089 005	0.455 701	0.992 326	1.471 489
	ARIMA-TEF	0.265 055	0.858 851	0.344 308	0.995 63	1.111 795
铜	ARIMA-SVM	67.795 04	0.870 927	9.594 09	80.974 563	1.145 14
	ARIMA-TEF	54.449 96	0.697 545	67.670 18	0.985 855	0.864 921
铝	ARIMA-SVM	20.269 77	1.021 324	25.845 53	0.981 005	1.301 883
	ARIMA-TEF	15.273 978	0.766 806	19.653 35	0.989 348	0.989 973

为了验证 ARIMA-TEF 模型预测能力的鲁棒性，本节还同时在多种不同的期货时序数据集上，展开对于基准模型 ARIMA-SVM 和新模型 ARIMA-TEF 的比较性实证研究。与石油期货时序数据集的处理办法一样，同样把其他期货时序数据序列分别进行了 70% 和 90% 的样本内训练集划分，以及 30% 和 10% 的样本外测试数据集划分。预测实证研究结果的时序图如图 7-5 和图 7-6 所示。从时序图中可以看出，虽然不同类型的期货时序数据具有不同的形态和波动情况，但 ARIMA-TEF 模型的预测结果总是比 ARIMA-SVM 模型的预测结果更加接近测试数据的真实值，而且在部分数据集上表现得非常显著。同样表 7-5 和表 7-6 中也列出了两种混合模型在不同数据集上的预测结果评价指标的统计结果。通过表中的数据表明，ARIMA-TEF 模型比 ARIMA-SVM 模型有更小的 MAE、RMSE、

MAPE 和 SEP，而且有更大的 WIA 指标和 R^2 指标。一致趋优的结果再次证明了基于 ARIMA 和泰勒展开的混合预测模型 ARIMA-TEF 对于金融时序数据具有独特的分析和阅读能力，预测结果具有很强的鲁棒性。

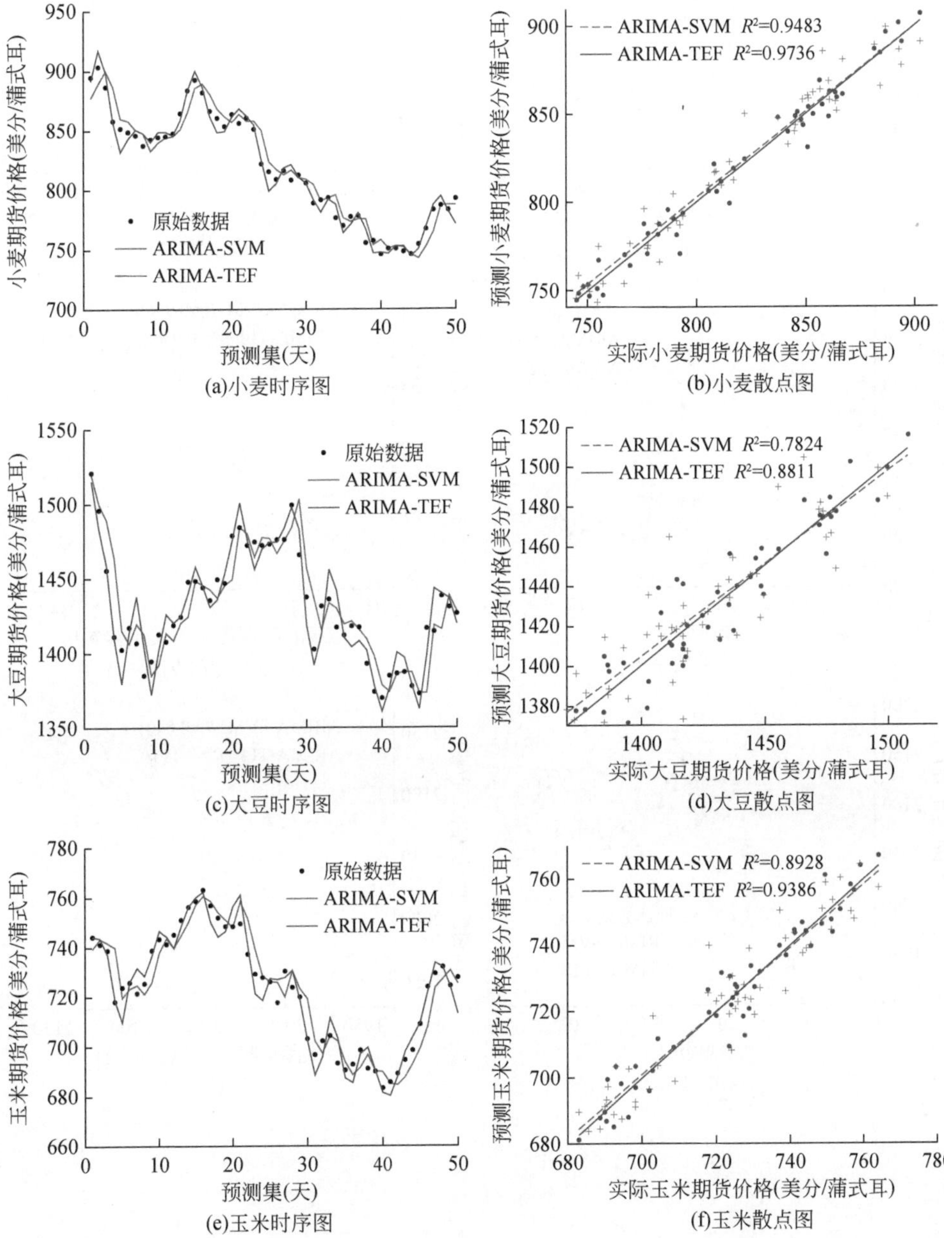

(a)小麦时序图　(b)小麦散点图

(c)大豆时序图　(d)大豆散点图

(e)玉米时序图　(f)玉米散点图

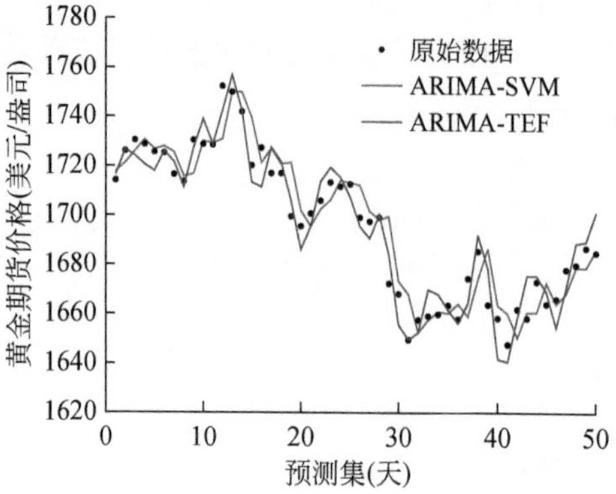

(g)黄金时序图

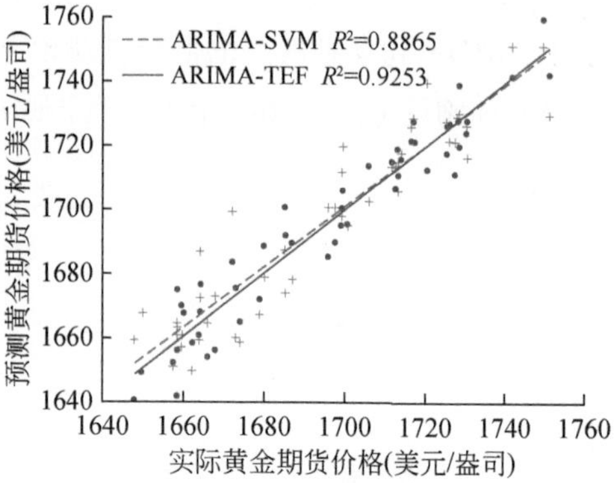

(h)黄金散点图

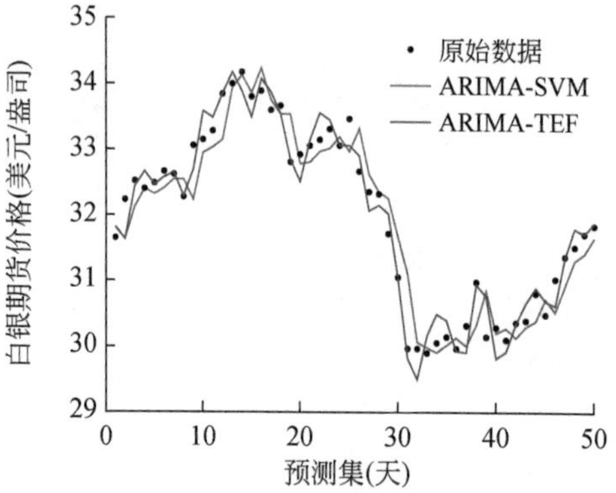

(i)白银时序图

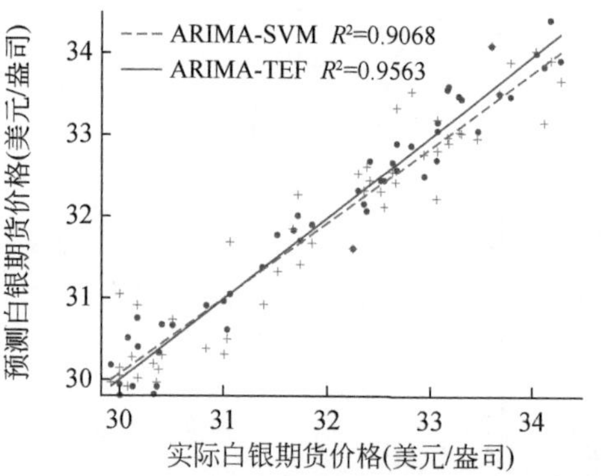

(j)白银散点图

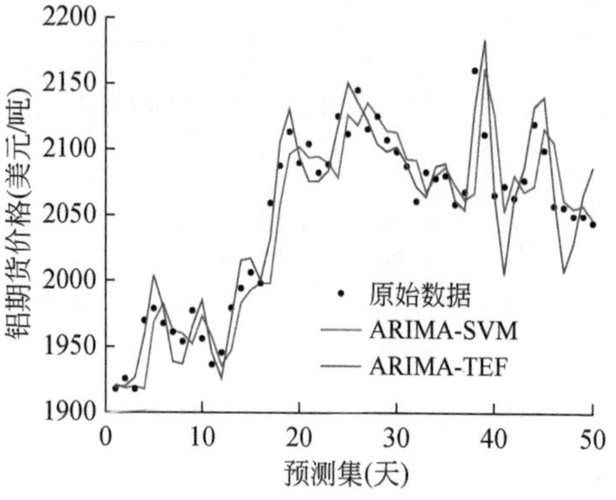

(k)铝时序图

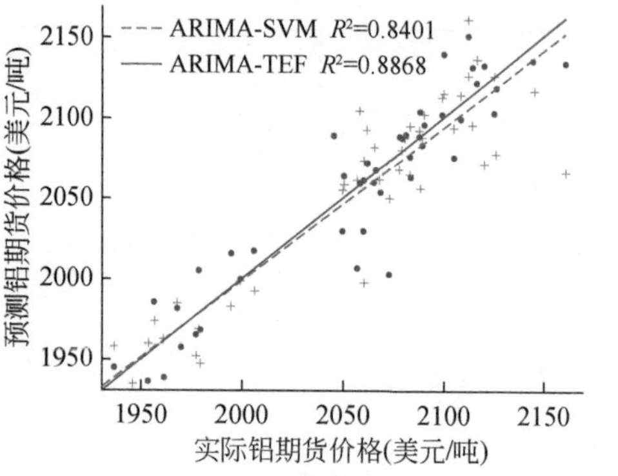

(l)铝散点图

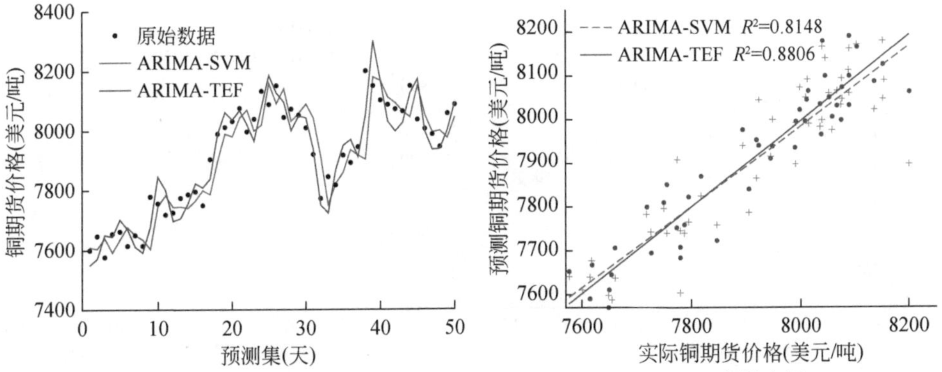

(m)铜时序图　　(n)铜散点图

图 7-5　部分代表性期货时序数据 10% 测试集预测结果时序图和散点图

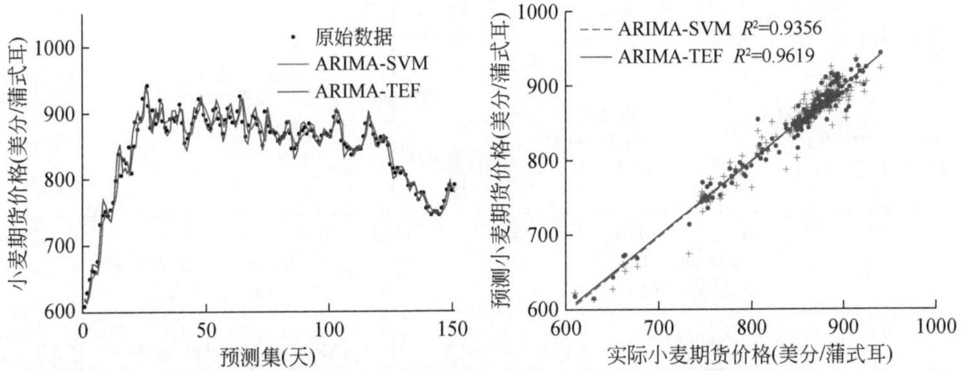

(a)小麦时序图　　(b)小麦散点图

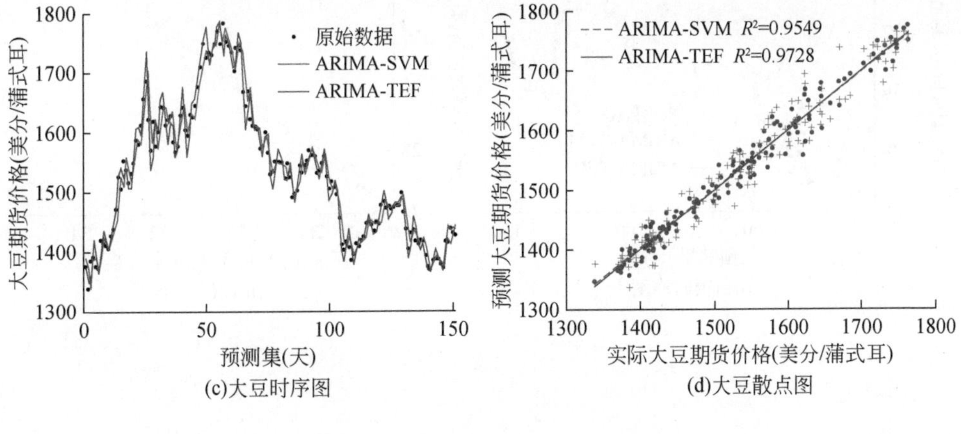

(c)大豆时序图　　(d)大豆散点图

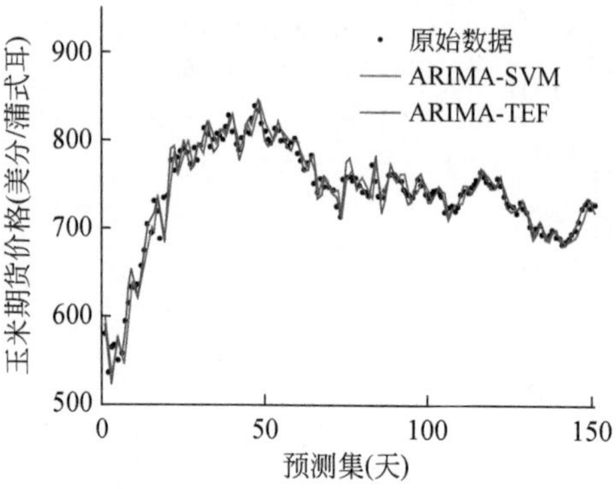

(e)玉米时序图

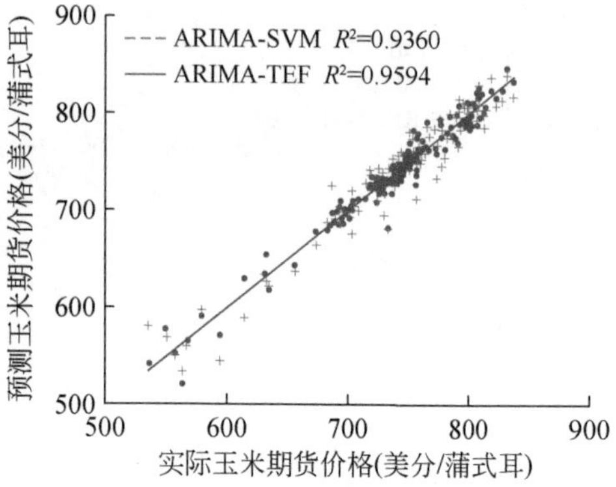

(f)玉米散点图

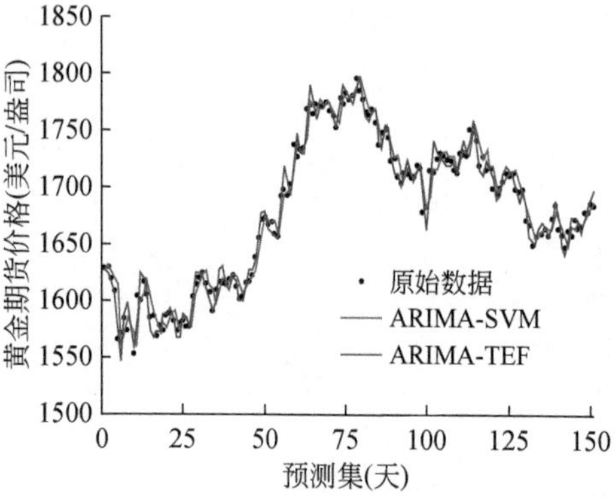

(g)黄金时序图

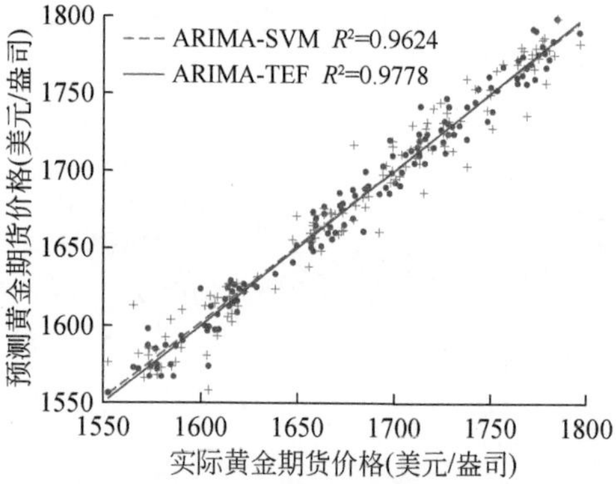

(h)黄金散点图

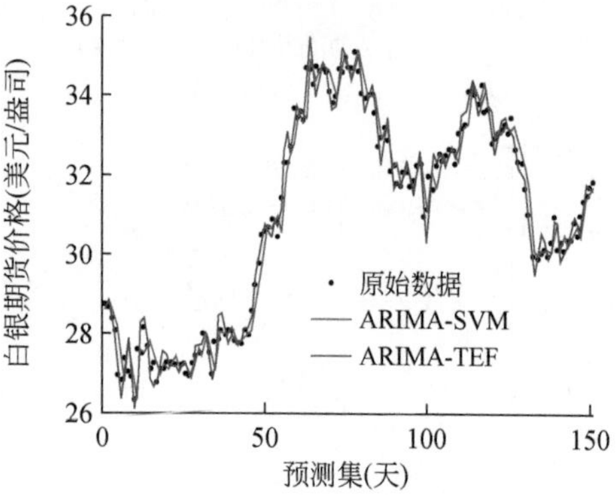

(i)白银时序图

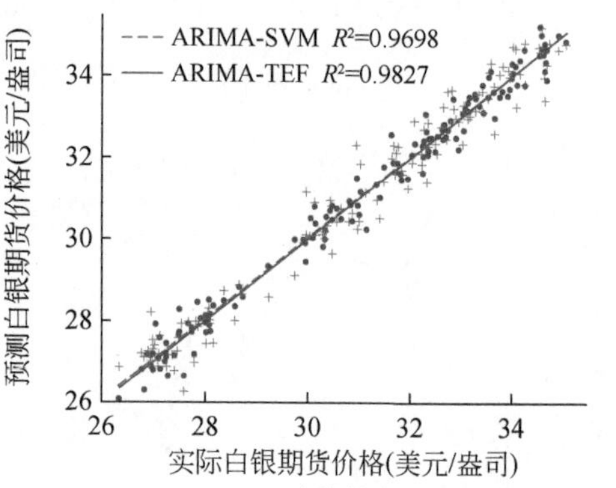

(j)白银散点图

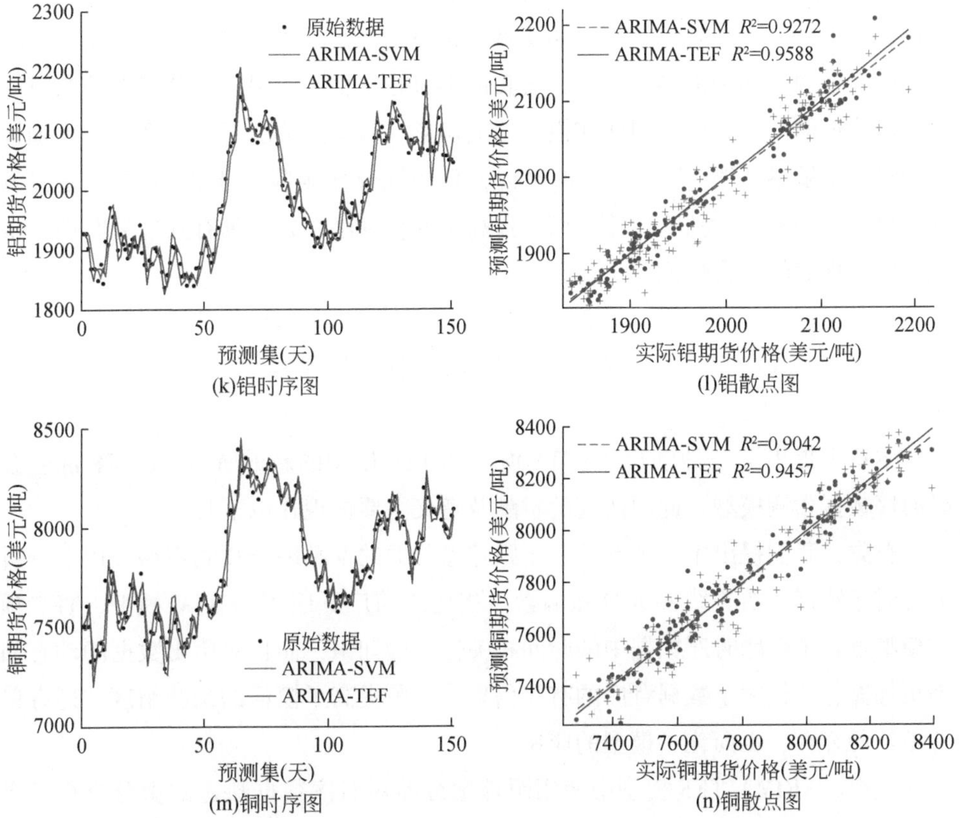

图 7-6　部分代表性期货时序数据 30% 测试集预测结果时序图和散点图

对于实证研究结果进行仔细分析后不难发现，新的 ARIMA-TEF 模型之所以比 ARIMA-SVM 模型具有更好的性能，有两方面的原因。首先，TEF 模型不仅仅是一个一般的非线性分析预测模型，更重要的是它借助函数积分模式，科学地表达了时序数据中不同数据点之间的不同时序相关性经验知识，从而有效地克服了 SVM 模型中采用欧式距离表征对象间不同关系的缺点和不足，从而显著地提高了模型预测的精度。其次，在 ARIMA-SVM 模型应用 SVM 模型处理非线性成分时，输入向量的维度对于其泛化能力有着显著的影响，然而在现实应用当中，SVM 模型的输入变量的维度确定一直以来就是一个难题。一般都是根据经验来取舍，或根据混合算法中的线性模型的回馈步数来确定。但是，不管用哪种方法，一旦变量的维度确定，那么模型对于时序数据信息的学习范围就确定了。而此范围以外的历史数据当中含有的有用信息则会被忽略，这种方式在一定程度上影响了模型性能的进一步提高。相反，TEF 模型在处理时序数据非线性成分时，通过式（7-35）可以实现，对于历史数据信息的动态回馈，避免了其他模型对于最佳回馈范围的确定困难。另外，与其他类似方法相比，跟踪微分器在提取时序数据微分近似信息方面，即使在模型的确切形式未知的情况下，表现出了更加优越的噪声不敏感性能[132-134]。总的来说，新的混合预测模型 ARIMA-TEF 不仅发挥了单个算法模型的独特性能，而且提高了混合算法在处理具有高度复杂性的金融时序数据时的综合性能。

7.4 本章小结

本章中提出了一种融合 ARIMA 模型和 TEF 模型的新的 ARIMA-TEF 混合金融时序数据预测模型，此项研究的贡献及意义主要体现在以下几点。

首先，我们提出了一个新的基于跟踪微分器的泰勒展开预测模型，用来分析处理时序数据中的非线性成分和因素。相比之前广泛应用的 SVM 模型，TEF 预测模型融合了金融时序数据中的时间相关性经验知识，而且对历史数据的动态回馈更加充分地挖掘了数据背后的有用信息，显著提高了模型的预测精度。还有单个参数的存在，也简化了模型的应用。

其次，ARIMA-TEF 模型中使用跟踪微分器对时序数据轨迹的微分进行了求取，有效地克服了数据中噪声的干扰，使得混合模型具有很强的时序数据方向变化判别能力，对于不同期货时序数据的实证研究结果也证明了这一点。

最后，受相关研究文献的启发，本章也从多阶段混合算法模型能够充分挖掘时序数据背后特点的角度出发，构造了基于 ARIMA 模型和 TEF 模型的混合预测模型。分别用来捕获时序数据中的线性和非线性成分，与基准模型 ARIMA-SVM 的比较实证研究表明，新的 ARIMA-TEF 模型显著提高了模型的预测精度。

尽管对于模型的理论分析和实证研究均表明了混合预测模型 ARIMA-TEF 具有强大的时序数据分析和预测能力，但是，作者认为此项研究仍存在一些需要继续改进和完善的方面。首先，用于实证研究的数据集，虽然文中列举了多个时序数据，但均集中在期货数据方面，是否其他类型的金融时序数据还有其独特的性质，能否适用于本章提出的算法模型，有待进一步研究和验证。其次，ARIMA-TEF 仅仅是一个单步预测模型，若想在实践应用中得到更为广泛的支持和验证，需要在向前多步预测方面做出更多实质性的研究和创新工作，并进一步提高其预测的精度和有效性。最后，混合模型的构造过程中用到了跟踪微分器来求取时序历史数据的变化微分信息，对于具有不同特征的微分器选用及其参数的优化，应该在今后的相应研究工作中随着相关辅助工具研究的不断进展而进行不断地创新。

第8章 结论与展望

8.1 结　　论

金融时间序列是金融工程相关研究开展的基石与关键，而由于其复杂的非线性和时变性特点，科学有效地预测金融时序数据被认为是一项极具挑战性的研究工作，既意义重大，又艰巨复杂。随着“规模效应”“时间效应”及“过度交易”等金融市场异象的产生，国内外研究人员逐步打破市场有效假说理论体系下线性范式的研究框架，开始运用行为金融理论、金融市场噪声理论及混沌理论等展开对金融时序数据的可预测性研究。随着研究的不断深入，人们发现金融市场产品价格复杂波动现象的背后蕴藏着某些潜在的客观规律信息，是这些无形的规律支配了价格演变的趋势变化和波动的现象。因此，解决金融时序数据预测性研究的关键问题就集中在如何去寻找并利用这些潜在的客观规律信息，提高人们对于复杂金融市场现象的解读和分析能力，这才是目前金融时序预测需要进一步去研究的重点和方向。本书从目前研究中存在的问题出发，结合计算实验金融、智能学习算法及控制论等研究领域的最新成果采用“自底向上”的建模方法，从数据驱动的角度出发，逆向探究金融时序数据微观交互的客观规律提高对金融时间序列的预测精度。为此从第3章到第7章，本书展开了不同维度金融时序数据环境下预测模型的研究。

按照复杂系统的思想，金融时序数据不仅仅是一个随机序列，而应该是由表征某个系统的复杂解析函数所产生的函数值序列。而这一序列数据中所包含的市场隔夜跳空开盘信息及历史数据变化的趋势信息中，不仅包含市场专家或机构的不同观点，同时还包含了许多当期市场潜在非量化信息，如政策、经济环境等宏观信息及市场非理性情绪等因素。基于这些分析，利用在 ARMA-GARCH 模型中融合趋势信息及梯度信息的方式，提升传统模型在实际应用中对于真实市场环境的模拟程度，以及对于市场内部隐含信息的阅读和学习能力，改善模型的预测精确性和科学性。金融时序数据的时变性、不确定性及非线性等特征，是市场对象具有复杂运动规律的具体体现。基于金融市场间联动效应和传染效应日益增强的现实考虑，本书引入数据挖掘领域中近邻互信息的概念，构建了融合市场间信息的 SVM-GARCH 模型，旨在赋予市场主体一些特定的行为模式及学习机制，并强调真实的开放市场环境下所有参与对象之间的微观交互，充分挖掘与目标股指数据关系密切的周边证券市场的相关变化信息，进而增强模型对于宏观市场运行规律的学习能力。通过改进传统线性仿真模型的设计，提高模型预测的精度。考虑到金融时序数据的特殊时间相关性经验知识的重要性，本书分别针对单变量金融时序和高维金融面板数据做了传统模型的重构和新模型的创建工作。首先，对普遍用来处理高维非线性工作的 SVM 模型的核函数进行了改造，借助流形学习中的概念提出了基于时间测地线距离核函数的混合预测模型。克服了 SVM 模型中用欧式距离表征时序数据内部不同数据点之间不同的时间相关性的特点，提高了 SVM 模型处理高维金融时序数据的学习能力和预测能力。其次，借助控制论中跟踪微分器的功能，创造性地提出了针对单变量金融时序数据的泰勒展开预测模型，不仅融合了时序数据内部的时间相关性经验知识，而且还实现了模型对于时序历史数据信息的动态回馈，提升了模型对于时序数据隐含信息的学习能力，进一步丰富了时序预测模型的研究。针对金融时序数据影响因素众多、成分复杂的现实情况，本书提出了融合传统统计理论的线性预测方法和人工智能非线性算法的新的多阶段分步处理混合预测模型。从已经获取的单变量（一维）和多变量（高维）金融时间序列出发，针对数据自身的特点，结合机器学习方法、数据挖掘方法及控制论等相关领域的最新研究成果，在深入剖析金融时序数据内部复杂相互关系及各种单模型处理不同维度时序数据能力差异的基础上，创造性地开展融合集成学习算法思想的预测模型重构及改进研究，显著提高金融时间序列预测模型的科学性和有效性。

金融时间序列分析是一个带有高度经验性的学科，于是融合金融时序数据经验知识的预测方法论创新研究就成为已有金融计量经济理论研究的重点，是金融市场研究中迫切需要解决的问题。模拟计算实验金融直接从数据角度出发，“自底向上”的金融时序建模方法为所有市场参与者提供了一种不同的了解和认识复杂金融经济系统的方法论工具和新的视角。本书无疑能为金融机构与投资者深入认识金融市场规律、有效地进行金融管理、提高投融资效率等提供新的技术支撑，并对促进金融市场技术分析理论与方法的创新和发展起到一定的启发意义。

8.2 不足与展望

将非线性技术与现代金融理论相结合，是当前金融理论研究的热点之一。本书从数据驱动的实证角度出发，紧跟这一热点，对金融时序数据的预测性研究做了一些有益的探索。在模型构建的过程中引入了数据挖掘、智能计算及控制理论等领域的一些最新研究成果，应该说明的是，作为部分新兴领域的交叉研究，尚需不断地从其相关领域继续吸收有针对性的新的研究成果才能取得更好的结果。下面就本书尚待进一步研究的问题做一展望。

首先，本书对于金融时序数据变化趋势信息、梯度信息，以及在针对不同模型所做的融合时序数据经验知识的重构和新建过程中，均涉及利用跟踪微分器对于近似微分信息的提取工作。虽然突出了其对于时序数据中各种噪声扰动的不敏感性，得到良好的预测结果，但在具体应用的过程中，对于微分器的选取及微分器调节参数的优化等工作，还是停留在试错和经验推导的初步阶段。在后续的研究中，应该对相关工作展开针对性的改造和创新，以进一步提高对于时序信号跟踪的准确性和稳定性。

其次，本书中所提到的重构或新建模型在面对高频时序数据时能否实现预测性能的优化和提高，有待展开进一步的实证研究，以检验其适用性和稳定性。高频数据除具有一般的 ARCH 特征外（尖峰厚尾、非正态性和波动率聚集等），还有其自身特有的显著的日内模式特征（收益率日内“U”形走势等）和强自相关特征。而且高频数据在交易时间间隔、交易量、买卖价差等方面的独特特征，往往会使传统的计量分析模型在实际运用中遇到困难。继续改造预测模型融合的变动趋势信息及其他时序相关性经验知识，使之进一步适应高频金融时序数据的特性，是今后研究的努力方向之一。

最后，本书所提出的各种预测模型，旨在从数据驱动的角度出发，融合金融时序数据内在特点的基础上增强预测模型对于时序数据的解读能力和真实信息的学习能力，进而提高模型的预测精度。而在市场爆发大规模的金融危机或其他突发性大事件时，由其引发而来的数据形态巨幅震荡或反转突变情况增多，则金融市场历史数据的相关信息对于预测精度提高的指导意义就会大打折扣，以数据信息驱动的预测模型的适应性就会受到一定程度的影响。未来的后续研究工作应该继续深入分析特殊市场环境下的时序数据形态和特征，使得模型能够满足特殊事件驱动的时序数据预测精度要求，为投资策略选择及市场金融监管提供有效的决策辅助信息。我们有充分的理由相信，随着现代智能建模技术及经济金融学理论与实证研究的进一步发展，一定会出现更加“全能”的预测性研究模型，进一步改善对市场信息的分析和解读能力，最终实现市场对于资源配置效率的提升。

参考文献

[1] 卢山．基于非线性动力学的金融时间序列预测技术研究．东南大学博士学位论文，2006.

[2] 汤凌冰．基于支持向量机的金融时间序列回归分析．上海交通大学博士学位论文，2010.

[3] 宋鹏．基于序化机理的稳健型股票价值投资研究．山西大学博士学位论文，2010.

[4] Timmermann A，Granger C W J. Efficient market hypothesis and forecasting. International Journal of Forecasting，2004，20（1）：15-27.

[5] Grossman S J. Stiglitz J E. On the impossibility of informationally efficient markets. Social Science Electronic Publishing，1980，70（3）：393-408.

[6] Lakonishok J，Smidt S. Are seasonal anomalies real? A ninety- year perspective. Review of Financial Studies，1988，1（4）：403-425.

[7] Dzhabarov C，Ziemba W T. Do seasonal anomalies still work? Journal of Portfolio Managemen，2010，36（3）：93-104.

[8] 侯利强．数据驱动的股指收益率与波动率的预测方法研究．合肥工业大学博士学位论文，2014.

[9] Shafer G. The significance of jacob bernoulli's ars conjectandi for the philosophy of probability today. Journal of Econometrics，1996，75（1）：15-32.

[10] Sylla E D. Tercentenary of ars conjectandi（1713）：Jacob bernoulli and the founding of mathematical probability. International Statistical Review，2014，82（1）：27-45.

[11] 李嵩松．基于隐马尔可夫模型和计算智能的股票价格时间序列预测．哈尔滨工业大学博士学位论文，2011.

[12] 张维，赵帅特，熊熊，等．计算实验金融、技术规则与时间序列收益可预测性．管理科学，2008，21（3）：74-84.

[13] Engle R F. Autoregressive conditional heteroscedasticity with estimates of the variance of United Kingdom inflation. Econometrica，1982，50（4）：987-1007.

[14] Bollerslev T. Generalized autoregressive conditional heteroskedasticity. Eeri Research Paper，1986，31（3）：307-327.

[15] French K R，Schwert G W，Stambaugh F. Expected stock returns andvolatility. Journal of Financial Economics，1987，19（1）：3-29.

[16] Robert R P R，Engle F，David M Lilien. Estimating time varying risk premia in the term structure：The arch-m model. Econometrica，1987，55（2）：391-407.

[17] Nelson D B. Conditional heteroskedasticity in asset returns：A new approach. Econometrica，1991，59（2）：347-370.

[18] Glosten L R, Jagannathan R, Runkle D E. On the relation between the expected value and the volatility of the nominal excess return on stocks. Journalof Finance, 1993, 48 (5): 1779-1801.
[19] Engle R F, Ng V K. Measuring and testing the impact of news on volatility. Journal of Finance, 1993, 48 (5): 1749-1778.
[20] White H. A reality check for data snooping. Econometrica, 2000, 68 (5): 1097-1126.
[21] Hansen P R, Lunde A. A forecast comparison of volatility models: Does anything beat a GARCH (1, 1) . Journal of Applied Econometrics, 2005, (7): 873-889.
[22] Mohammadi H, Su L. International evidence on crude oil price dynamics: Applications of ARIMA-GARCH models. Energy Economics, 2010, 32 (5): 1001-1008.
[23] Liu H, Shi J. Applying ARMA- GARCH approaches to forecasting shortterm electricity prices. Energy Economics, 2013, 37 (1): 152-166.
[24] 魏巍贤，周晓明．中国股票市场波动的非线性 GARCH 预测模型．预测，1999，(5): 47-49.
[25] 唐齐鸣，陈健．中国股市的 ARCH 效应分析．世界经济，2001，(3): 29-36.
[26] 陈千里．中国股市波动集簇性和不对称性研究．湖北大学学报（自然科学版），2002，24 (3): 214-217.
[27] 陈千里，周少甫．上证指数收益的波动性研究．数量经济技术经济研究，2002，19 (6): 122-125.
[28] 岳朝龙．上海股市收益率 GARCH 模型族的实证研究．数量经济技术经济研究，2001，18 (6): 126-129.
[29] 张世英，柯珂．Arch 模型体系．系统工程学报，2002，17 (3): 236-245.
[30] 楼迎军．基于 EGARCH 模型的我国股市杠杆效应研究．中国软科学，2003，(10): 49-51.
[31] 李胜利．中国股票市场杠杆效应研究．证券市场导报，2002，(10): 10-14.
[32] 张永东，毕秋香．上海股市波动性预测模型的实证比较．管理工程学报，2003，17 (2): 16-19.
[33] 黄海南，钟伟．GARCH 类模型波动率预测评价．中国管理科学，2007，15 (6): 13-19.
[34] 邓超，曾光辉．新阶段沪市波动率预测模型的选择．统计与决策，2005，(10X): 104-105.
[35] 王佳妮，李文浩．GARCH 模型能否提供好的波动率预测．数量经济技术经济研究，2005，22 (6): 74-87.
[36] 龚锐，陈仲常，杨栋锐．Garch 族模型计算中国股市在险价值（VaR）风险的比较研究与评述．数量经济技术经济研究，2005，22 (7): 67-81.
[37] 郑振龙，黄薏舟．波动率预测：GARCH 模型与隐含波动率．数量经济技术经济研究，

2010，(1)：140-150.

[38] 赵树然，任培民，赵昕．基于非参数 GARCH 模型的汇率波动性预测．统计与决策，2012，(6)：148-151.

[39] 吴恒煜，朱福敏，温金明．基于 ARMA-GARCH 调和稳态 LEVY 过程的期权定价．系统工程理论与实践，2013，33（11)：2721-2733.

[40] 方立兵，郭炳伸，曾勇．偏斜参数对 GARCH 族模型估计与预测绩效的影响．统计研究，2014，31（10)：106-112.

[41] 侯利强，杨善林，王晓佳，等．上证综指的股指波动：基于模糊 FEGARCH 模型及不同分布假设的预测研究．中国管理科学，2015，23（6)：32-40.

[42] 于志军，杨善林，章政，等．基于误差校正的灰色神经网络股票收益率预测．中国管理科学，2015，23（12)：20-26.

[43] Ginzburg I，Horn D. Combined neural networks for time series analysis. Advances in Neural Information Processing Systems Sci-Systems，1993，6：224-231.

[44] Luxhöj J T，Riis J，Stensballe B. A hybrid econometric-neural network modeling approach for sales forecasting. International Journal of Production Economics，1996，43（2-3)：175-192.

[45] Ii D K W，Cios K J. Time series forecasting by combining rbf networks，certainty factors，and the box-jenkins model. Neurocomputing，1996，10（2)：149-168.

[46] Kyrtsou C，Terraza M. Stochastic chaos or arch effects in stock series? International Review of Financial Analysis，2002，11（4)：407-431.

[47] Jasic T，Wood D. The profitability of daily stock market indices trades based on neural network predictions：Case study for the s&p 500，the dax，thetopix and the ftse in the period 1965-1999. Applied Financial Economics，2004，14（14)：285-297.

[48] Cao Q，Leggio K B，Schniederjans M J. A comparison between fama and french's model and artificial neural networks in predicting the chinese stock market. Computers & Operations Research，2005，32（10)：2499-2512.

[49] Lee C M，Ko C N. Time series prediction using rbf neural networks with a nonlinear time-varying evolution pso algorithm. Neurocomputing，2009，73（1-3)：449-460.

[50] Khashei M，Bijari M，Ardali G A R. Improvement of auto-regressive integrated moving average models using fuzzy logic and artificial neural networks（ANNs）. Neurocomputing，2009，72（4-6)：956-967.

[51] Zhang G P. Time series forecasting using a hybrid ARIMA and neural network model. Neurocomputing，2003，50（1)：159-175.

[52] Shen W，Guo X P，Wu C，et al. Forecasting stock indices using radial basis function neural networks optimized by artificial fish swarm algorithm. Knowledge-Based Systems，2011，24（3)：378-385.

[53] Babu C N, Reddy B E. A moving-average filter based hybrid ARIMAANN model for forecasting time series data. Applied Soft Computing, 2014, 23: 27-38.

[54] Akbilgic O, Bozdogan H, Balaban M E. A novel hybrid rbf neural networks model as a forecaster. Statistics & Computing, 2014, 24 (3): 365-375.

[55] Oliveira J F, Ludermir T B. A hybrid evolutionary decomposition system for time series forecasting. Neurocomputing, 2016, 180: 27-34.

[56] 何芳，陈收．基于扩展 kalman 滤波的神经网络学习算法在股票预测中的应用．系统工程，2003，21（6）：75-79.

[57] 崔建福，李兴绪．股票价格预测：GARCH 模型与 BP 神经网络模型的比较．统计与决策，2004，（6）：21-22.

[58] 肖冬荣，杨子天．基于粒子群训练的神经网络股票预测模型．统计与决策，2009，（12）：20-22.

[59] 王文波，费浦生，羿旭明．基于 EMD 与神经网络的中国股票市场预测．系统工程理论与实践，2010，30（6）：1027-1033.

[60] 祝华凤．基于 RBF 模型和可公度法的股指时间窗口期研究．统计与决策，2011，（22）：149-151.

[61] 刘海玥，白艳萍．时间序列模型和神经网络模型在股票预测中的分析．数学的实践与认识，2011，41（4）：14-19.

[62] Cao L J. Support vector machines experts for time series forecasting. Neurocomputing, 2003, 51 (2): 321-339.

[63] Cao L J, Tay F E. Financial forecasting using support vector machines. Neural Computing & Applications, 2001, 10 (2): 184-192.

[64] Tay F E, Cao L J. Support vector machine with adaptive parameters in financial time series forecasting. IEEE Transactions on Neural Networks, 2003, 14 (6): 1506-1518.

[65] Kim K J. Financial time series forecasting using support vector machines. Neurocomputing, 2003, 55 (1-2): 307-319.

[66] Huang W, Nakamori Y, Wang S Y. Forecasting stock market movement direction with support vector machine. Computers & Operations Research, 2005, 32 (10): 2513-2522.

[67] Henham R. A comparative study of saliency analysis and genetic algorithmfor feature selection in support vector machines. Intelligent Data Analysis, 2001, 5 (3): 191-209 (19).

[68] Ince H, Trafalis T B. Short term forecasting with support vector machinesand application to stock price prediction. International Journal of General Systems, 2008, 37 (6): 677-687.

[69] Huang C L, Tsai C Y. A hybrid sofm-svr with a filter-based feature selection for stock market forecasting. Expert Systems with Applications, 2009, 36 (2): 1529-1539.

[70] Hsu S H, Hsieh P A, Chih T C, et al. A two-stage architecture for stock price forecasting by

integrating self-organizing map and support vector regression. Expert Systemswith Applications, 2009, 36 (4): 7947-7951.

[71] Wen W F, Xiao J H, He Z F, et al. Stock price prediction based on {SSA} and {SVM}. Procedia Computer Science, 2014, 31: 625-631.

[72] 杨建辉，李龙．基于 SVR 的期权价格预测模型．系统工程理论与实践，2011，31（5）：848-854.

[73] 姚潇，余乐安．模糊近似支持向量机模型及其在信用风险评估中的应用．系统工程理论与实践，2012，32（3）：549-554.

[74] 赛英，张凤廷，张涛．基于支持向量机的中国股指期货回归预测研究．中国管理科学，2013，21（3）：35-39.

[75] 陈懿冰，张玲玲，聂广礼，等．基于改进的支持向量回归机的金融时序预测．数学的实践与认识，2012，42（4）：38-44.

[76] 耿立艳．股指波动率的最小二乘支持向量机预测方法．统计与决策，2015，（9）：90-92.

[77] 李坤，谭梦羽．基于小波支持向量机回归的股票预测．统计与决策，2014，（6）：32-36.

[78] 黄润鹏，左文明，毕凌燕．基于微博情绪信息的股票市场预测 [J]．管理工程学报，2015，29（1）：47-52.

[79] 汤凌冰，廖福元，罗键．模糊神经网络在股价预测中的应用．系统工程，2004，22（2）：107-109.

[80] 杨海军，太雷．基于模糊支持向量机的上市公司财务困境预测．管理科学学报，2009，12（3）：102-110.

[81] 蔺玉佩，杨一文．基于模糊时间序列模型的股票市场预测．统计与决策，2010，（8）：34-37.

[82] 钱晓山．基于改进基因表达式程序设计的股票指数预测．计算机工程，2009，35：200-202.

[83] 甘敏，彭辉，陈晓红．基于市场微结构模型和进化算法的资产分配．系统工程学报，2011，26（3）：314-321.

[84] 苏治，傅晓媛．核主成分遗传算法与 svr 选股模型改进．统计研究，2013，30（5）：54-62.

[85] Bates J M, Granger C W J. The combination of forecasts. OR, 1969, 20 (20): 451-468.

[86] Armstrong J S. Combining forecasts: The end of the beginning or the beginning of the end? International Journal of Forecasting, 1989, 5 (4): 585-588.

[87] Clemen R T. Combining forecasts: A review and annotated bibliography. International Journal of Forecasting, 1989, 5 (4): 559-583.

[88] Diebold F X. Forecast combining and encompassing: Reconcling two divergent literatures. International Journal of Forecasting, 1989, 5 (4): 589-592.

[89] 唐小我，曹长修. 组合预测方法研究的若干新结果. 预测，1992，(5)：39-46.

[90] 唐小我，曾勇，曹长修. 变权组合预测模型研究. 预测，1993，(3)：46-48.

[91] 谢开贵，周家启. 变权组合预测模型研究. 系统工程理论与实践，2000，20 (7)：36-40.

[92] 王应明. 基于相关性的组合预测方法研究. 预测，2002，21 (2)：58-62.

[93] 王应明. 广义加权多重平均组合预测技术研究. 预测，1997，(1)：46-47.

[94] 王应明，罗英. 基于调和平均数的组合预测方法研究. 统计研究，1997，(2)：66-68.

[95] 陈华友. 广义加权算术平均组合预测法的最优化理论基础及性质. 系统工程理论与实践，2003，23 (4)：37-41.

[96] 陈华友. 基于预测有效度的组合预测模型研究. 预测，2001，20 (3)：72-73.

[97] 蒋传进. 组合预测中的预测精度与预测风险分析. 统计与决策，2015，(3)：7.

[98] 孙李红，沈继红. 基于相关系数的加权几何平均组合预测模型的性质. 系统工程理论与实践，2009，29 (9)：84-91.

[99] 陈华友，赵佳宝，刘春林. 基于灰色关联度的组合预测模型的性质. 东南大学学报（自然科学版），2004，34 (1)：130-134.

[100] Hadavandi E, Shavandi H, Ghanbari A. Integration of genetic fuzzy systems and artificial neural networks for stock price forecasting. Knowledge- Based Systems, 2010, 23 (8): 800-808.

[101] Lee Y S, Tong L I. orecasting time series using a methodology based on autoregressive integrated moving average and genetic programming. Knowledge Based Systems, 2011, 24 (1): 66-72.

[102] Wang B H, Huang H J, Wang X L. A novel text mining approach to financial time series forecasting. Neurocomputing, 2012, 83 (0): 136-145.

[103] Nie H Z, Liu G, Liu X, et al. Hybrid of ARIMA and SVMs for short- term load forecasting. Energy Procedia, 2012, 16 (5): 1455-1460.

[104] Zhu B Z, Wei Y M. Carbon price forecasting with a novel hybrid ARIMA and least squares support vector machines methodology. Omega, 2013, 41 (3): 517-524.

[105] Kao L J, Chiu C C, Lu C J, et al. Integration of nonlinear independent component analysis and support vector regression for stock price forecasting. Neurocomputing, 2013, 99 (1): 534-542.

[106] Cheng G, Yang Y. Forecast combination with outlier protection. International Journal of Forecasting, 2015, 31 (2): 223-237.

[107] Xiong T. A combination method for interval forecasting of agricultural commodity futures

prices. Knowledge-Based Systems, 2015, 77: 92-102.

[108] 罗伯特·D. 爱德华兹，约翰·迈吉，W. H. C. 巴塞帝. 股市趋势技术分析. 第9版. 郑学勤，朱玉辰译. 北京：机械工业出版社，2009.

[109] Bouchaud J P. Economics needs a scientific revolution. Nature, 2008, 455 (7217): 1181.

[110] Doyne F J, Duncan F. The economy needs agent- based modelling. Nature, 2009, 460 (7256): 685-686.

[111] Frank S, Giorgio F, Didier S, et al. Economic networks: The new challenges. Science, 2009, 325 (5939): 422-425.

[112] Arthur W B, Holland J H, LeBaron B, et al. Asset pricing under endogenous expectations in an artificial stock market. Ssrn Electronic Journal, 1996, 23 (9): 1487-1516.

[113] 张维，刘文财，王启文，等. 面向资本市场复杂性建模：基于 Agent 计算实验金融学. 现代财经，2003，23（1）：3-7.

[114] Box G E P, Jenkins G M. Time series analysis: Forecasting and control. Journal of the American Statistical Association, 2016, 68 (342): 343-344.

[115] 葛龙. 基于 GARCH 和 COPULA 的天津房地产市场预测. 天津大学博士学位论文，2008.

[116] Zakoian J M. Threshold heteroskedastic models. Journal of Economic Dynamics & Control, 1994, 18 (18): 931-955.

[117] Engle R F. Dynamic conditional correlation: A simple class of multivariate generalized autoregressive conditional heteroskedasticity model. Journal ofBusiness & Economic Statistics, 2002, 20 (3): 339-350.

[118] Bollerslev T. Delling the coherence in short- run nominal exchange rates: A multivariate generalized arch model. Review of Economics &Statistics, 1990, 72 (72): 498-505.

[119] Vapnik V N. The Nature of Statistical of Learning Theory (10) . New York: Springer Verlag, 1995.

[120] 平源. 基于支持向量机的聚类及文本分类研究. 北京邮电大学博士学位论文，2012.

[121] Smola A J, Schölkopf B. A tutorial on support vector regression. Statistics & Computing, 2004, 14 (3): 199-222.

[122] Abu-Mostafa Y S, Atiya A F. Introduction to financial forecasting. Applied Intelligence, 1996, 6 (3): 205-213.

[123] Atsalakis G S, Valavanis K P. Surveying stock market forecasting techniques- Part II: Soft computing methods. Expert Systems with Applications, 2009, 36 (3): 5932-5941.

[124] Wang J J, Wang J Z, Zhang Z G, et al. Stock index forecasting based on a hybrid model. Omega, 2012, 40 (6): 758-766.

[125] Pai P F, Lin C S. A hybrid ARIMA and support vector machines modelin stock price

forecasting. Omega，2005，33（6）：497-505.
[126] Weixian W. Forecasting China's stock market volatility using non- linear GARCH models. Journal of Systems Science & Systems Engineering，2000，（4）：448-453.
[127] 张锐，魏宇，金炜东．基于 MRS-EGARCH 模型的沪深 300 指数波动预测．系统工程学报，2011，26（5）：628-635.
[128] 姜婷，周孝华，董耀武．基于 markov 机制转换模型的我国股市周期波动状态研究. 系统工程理论与实践，2013，33（8）：1934-1939.
[129] 王春峰，蒋祥林，李刚．基于随机波动性模型的中国股市波动性估计．管理科学学报，2003，（4）：63-72.
[130] 张维．计算实验金融的思想基础与研究范式．系统工程理论与实践，2012，32（3）：495-507.
[131] Dabroom A M，Khalil H K. Discrete-time implementation of high-gain observers for numerical differentiation. International Journal of Control，1999，72（17）：1523-1537.
[132] Ibrir S. Linear time-derivative trackers. Automatica，2004，40（3）：397-405.
[133] Guo B Z，Han J Q，Xi F B. Linear tracking-differentiator and applicationto online estimation of the frequency of a sinusoidal signal with random noise perturbation. International Journal of Systems Science，2002，33（5）：351-358.
[134] Davila J，Fridman L，Levant A. Second-order sliding-modes observer for mechanical systems. Automatic Control，IEEE Transactions on，2005，50（11）：1785-1789.
[135] Levant A. Robust exact differentiation via sliding mode technique. Automatica，1998，34（3）：379-384.
[136] Guo B Z，Zhao Z L. On convergence of tracking differentiator. International Journal of Control，2011，84（4）：693-701.
[137] 刘凤根，王晓芳，张敏．非线性跟踪-微分器及其在股价模拟和预测中的应用．系统工程，2006，24（5）：81-87.
[138] 刘凤根，王晓芳，张敏．基于非线性跟踪-微分器的金融时间序列预测．系统工程理论与实践，2007，27（3）：118-122.
[139] 吴文锋，吴冲锋．股票价格波动模型探讨·系统工程理论与实践，2000，20（4）：63-69.
[140] 于志军，杨善林．基于误差校正的 GARCH 股票价格预测模型．中国管理科学，2013，21（SI）：341-345.
[141] Chang C L，Mcaleer M，Tansuchat R. Analyzing and forecasting volatility spillovers，asymmetries and hedging in major oil markets. Energy Economics，2010，32（6）：1445-1455.
[142] Hlouskova J，Schmidheiny K，Wagner M. Multistep predictions for multivariate GARCH

models: Closed form solution and the value for portfolio management. Ssrn Electronic Journal, 2009, 16 (2): 330-336.

[143] 杨娴, 陆凤彬, 汪寿阳. 国际有色金属期货市场 var 和 es 风险度量功效的比较. 系统工程理论与实践, 2011, 31 (9): 1645-1651.

[144] 何晓光, 黄德权. 基于 ARMA-GARCH 类模型的 SHIBOR 的 VAR 比较. 经济与管理评论, 2014, (4): 38-43.

[145] 李丹, 郑伟, 张伟伟, 等. 基于 ARMA-GARCH 的股指期货实证分析. 武汉理工大学学报 (信息与管理工程版), 2014, (5): 690-694.

[146] Feng H, Li S. Active disturbance rejection control based on weighedmoving-average-state-observer. Journal of Mathematical Analysis & Applications, 2014, 411 (1): 354-361.

[147] 曹广喜, 曹杰, 徐龙炳. 双长记忆 GARCH 族模型的预测能力比较研究——基于沪深股市数据的实证分析. 中国管理科学, 2012, 20 (2): 41-49.

[148] Agirre-Basurko E, Ibarra-Berastegi G, Madariaga I. Regression and multilayer perceptron-based models to forecast hourly no3 and no2 levels in the bilbao area. Environmental Modelling & Software, 2006, 21 (4): 430-446.

[149] 杨继平, 张春会. 基于马尔可夫状态转换模型的沪深股市波动率的估计. 中国管理科学, 2013, 21 (2): 42-49.

[150] 周璞, 李自然. 基于非线性 granger 因果检验的中国大陆和世界其他主要股票市场之间的信息溢出. 系统工程理论与实践, 2012, 32 (3): 466-475.

[151] 沈传河, 王向荣. 金融市场联动形态结构的非线性分析. 管理科学学报, 2015, 18 (2): 66-75.

[152] Loh L X. Co-movement of asia-pacific with european and {US} stock market returns: A cross-time-frequency analysis. Research in International Business and Finance, 2013, 29 (1): 1-13.

[153] Kotkatvuori-Ornberg J, Nikkinen J, Aijo J. Stock market correlations during the financial crisis of 2008-2009: Evidence from 50 equity markets. International Review of Financial Analysis, 2013, 28 (327): 70-78.

[154] 黄飞雪. 金融危机前后的全球主要股指联动与动态稳定性比较. 系统工程理论与实践, 2010, 30 (10): 1729-1740.

[155] 林宇. 中国股市与国际股市的极值风险传导效应研究. 中国管理科学, 2008, 16 (4): 36-43.

[156] Xiong T, Li C G, Bao Y K, et al. A combination method for interval forecasting of agricultural commodity futures prices. Knowledge-Based Systems, 2015, 77: 92-102.

[157] 陈海英. 基于支持向量机的上证指数预测和分析. 计算机仿真, 2013, 30 (1): 297-300.

[158] 张贵生，张信东．基于时间相关性的股票价格混合预测模型．经济问题，2015，(9)：23-28.

[159] 谢国强．基于支持向量回归机的股票价格预测．计算机仿真，2012，(4)：379-382.

[160] 熊涛．基于 SOM 和 SVMs 的沪深 300 指数多步预测．系统工程，2012，(10)：36-42.

[161] 李海燕．基于支持向量机算法的股市拐点预测分析．郑州大学学报（哲学社会科学版），2015，(1)：96-99.

[162] 王晴．组合模型在股票价格预测中应用研究．计算机仿真，2010，(12)：361-364.

[163] Hassani H，Dionisio A，Ghodsi M. The effect of noise reduction in measuring the linear and nonlinear dependency of financial markets. Nonlinear Analysis Real World Applications，2010，11（1）：492-502.

[164] Dionisio A，Rui M，Mendes D A. Mutual information：a measure of dependency for nonlinear time series. Physica A Statistical Mechanics & Its Applications，2004，344（344）：326-329.

[165] Hu Q，Zhang L，Zhang D，et al. Measuring relevance between discrete and continuous features based on neighborhood mutual information. Expert Systems with Applications，2011，38（9）：10737-10750.

[166] 章宇轩．基于 ARMA 模型的日经 225 指数实证研究．中国外资，2013，(8)：174-175.

[167] Khashei M，Bijari M. A novel hybridization of artificial neural networksand ARIMA models for time series forecasting. Applied Soft Computing，2011，11（2）：2664-2675.

[168] Chatfield C. What is the ‘best’ method of forecasting? Journal of Applied Statistics，1988，15（1）：19-38.

[169] Jenkins G M. Some practical aspects of forecasting. Journal of Forecasting，1982，1（1）：3-21.

[170] Uri N D. Forecasting：A hybrid approach. Omega，1977，5（4）：463-472.

[171] 程昌品，陈强，姜永生．基于 ARIMA-SVM 组合模型的股票价格预测．计算机仿真，2012，(6)：343-346.

[172] Wang X P，Meng M. A Hybrid Neural Network and ARIMA Model for Energy Consumption Forecasting. Journal of Computers，2012，7（5）：1184-1190.

[173] Tenenbaum J B，de Silva V，Langford J C. A global geometric framework for nonlinear dimensionality reduction. Science，2001，290（5500）：2319-2323.

[174] 唐彧，曾勇，唐小我．金融市场技术分析有效性检验的进展评价．管理工程学报，2001，(2)：58-61.

[175] 王志刚，曾勇，李平．中国股票市场技术分析非线性预测能力的实证检验．管理工程学报，2009，23（1）：49-153.

[176] Poon S H，Granger C W J. Forecasting volatility in financial markets：A review. Journal of

Economic Literature, 2003, 41 (2): 478-539.

[177] Tay F E H, Cao L J. Application of support vector machines in financial time series forecasting. Omega, 2001, 29 (4): 309-317.

[178] Tay F E H, Cao L J. Modified support vector machines in financial time series forecasting. Neurocomputing, 2002, 48 (1-4): 847-861.

[179] Hansen J V, McDonald J B, Nelson R D. Some Evidence on Forecasting Time- Series with Support Vector Machines. The Journal of the Operational Research Society, 2006, 57 (9): 1053-1063.

[180] Lu C J, Lee T S, Chiu C C. Financial time series forecasting using independent component analysis and support vector regression. Decision Support Systems, 2009, 47 (2): 115-125.

[181] Su Y X, Zheng C H, Sun D, et al. A simple nonlinear velocity estimation for high- performancemotion control. IEEE Transactions on Industrial Electronics, 2005, 52: 1161-1169.

[182] Feng H Y P, Li S J. A tracking differentiator based on taylor expansion. Applied Mathematics Letters, 2013, 26 (7): 735-740.

[183] Ahrens J H, Khalil H K. High- gain observers in the presence of measurement noise: A switched- gain approach. Automatica, 2009, 45 (4): 936-943.

[184] Butcher J C. Numerical Methods for Ordinary Differential Equations. New York: John Wiley & Sons, 2003.

[185] Chen K Y. Combining linear and nonlinear model in forecasting tourism demand. Expert Systems with Applications, 2011, 38: 10368-10376.

[186] Gargano A, Timmermann A. Forecasting commodity price indexes using macroeconomic and financial predictors. International Journal of Forecasting, 2014, 30: 825-843.

[187] de Lurgio S A. Forecasting Principles and Applications. Boston: McGraw-Hill, 1998.

[188] Xiong T, Bao Y, Hu Z. Beyond one- step- ahead forecasting: Evaluation of alternative multi-step- ahead forecasting models for crude oil prices. Energy Economics, 2013, 40 (2): 405-415.

[189] de Lurgio S A. Principles and Procedures of Statistics with Special Reference to the Biological Sciences. New York: McGraw-Hill, 1960.

[190] Díaz-Robles L A, Ortega J C, Fu J S, et al. A hybrid ARIMA and artificial neural networks model to forecast particulate matter in urban areas: The case of Temuco, Chile. Atmospheric Environment, 2008, 42 (35): 8331-8340.